大人の趣味講座

やさしい そのまま切り紙

ハサミだけで出来る花と風物編

小宮山 逢邦 著

河出書房新社

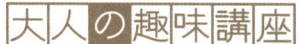

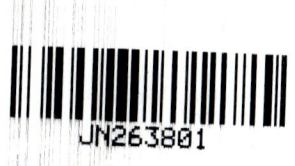

収録作品のご紹介（本書の作品はすべてハサミ1本で切れます）

草花1 ▶ p.18

桜《さくら》

草花2 ▶ p.19

八《や》重《え》桜《ざくら》

草花3 ▶ p.22

つつじ

草花4 ▶ p.23

スイートピー

草花5 ▶ p.26

あやめ

草花6 ▶ p.27

薔《ば》薇《ら》

草花 7 ▶ p.30

クローバー

草花 8 ▶ p.31

ひまわり

草花 9 ▶ p.34

山《やま》百合《ゆり》

草花 10 ▶ p.35

蓮《はす》の花《はな》

草花 11 ▶ p.38

菊《きく》

草花 12 ▶ p.39

コスモス一輪《いちりん》

草花 13 ▶ p.42

コスモス二輪《にりん》

草花 14 ▶ p.43

桔梗《ききょう》

草花 15 ▶ p.46

銀杏《いちょう》

草花 16 ▶ p.47

水仙《すいせん》

草花 17 ▶ p.50

椿《つばき》

野菜・果物 1 ▶ p.51

りんご

野菜・果物 2 ▶ p.54

スイカ

野菜・果物 3 ▶ p.55

かぼちゃ

野菜・果物 4 ▶ p.58

栗《くり》

野菜・果物 5 ▶ p.59

白菜《はくさい》

歳時 1 ▶ p.62

松《まつ》

歳時 2 ▶ p.63

竹《たけ》

歳時 3 ▶ p.66

梅《うめ》

歳時 4 ▶ p.67

門松《かどまつ》

歳時 5 ▶ p.70

独楽《こま》

歳時 6 ▶ p.71

羽根《はね》

歳時 7 ▶ p.74

富士《ふじ》に波《なみ》

歳時 8 ▶ p.75

男雛《おびな》

歳時 9 ▶ p.78

女《め》雛《びな》

歳時 10 ▶ p.79

兜《かぶと》

歳時 11 ▶ p.82

風《ふう》鈴《りん》

歳時 12 ▶ p.83

月《つき》見《み》うさぎ

歳時 13 ▶ p.86

クリスマスツリー

紋 1 ▶ p.87

桐《きり》

紋 2 ▶ p.90

三《み》つ葉《ば》葵《あおい》

紋 3 ▶ p.91

向《む》かい鶴《づる》

動物 1 ▶ p.94

鶴《つる》

動物 2 ▶ p.95

亀《かめ》

動物 3 ▶ p.98

みみずく

動物 4 ▶ p.99

イルカ

昆虫 1 ▶ p.102

蝶《ちょう》

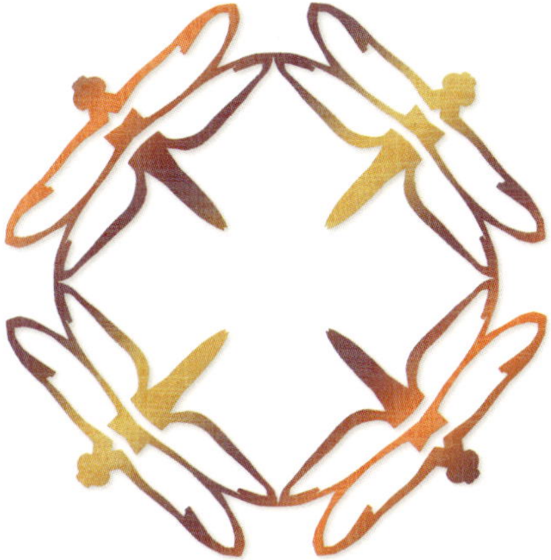

昆虫 2 ▶ p.103

トンボ

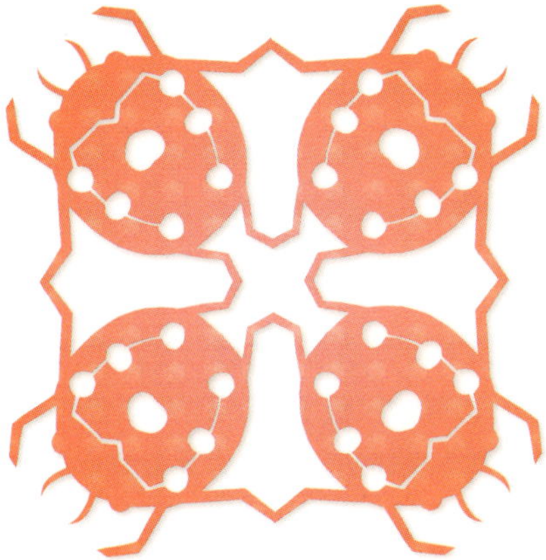

昆虫 3 ▶ p.106

テントウムシ

昆虫 4 ▶ p.107

蟻《あり》

昆虫 5 ▶ p.110

カブトムシ

昆虫 6 ▶ p.111

クワガタ

本書の使い方

本書 17 ～ 112 ページを使えば、どなたでも気軽に切り紙を楽しむことができます。切り取り線で切り離し、折り線通りに折って、グレーの部分をハサミで切り落としてください。本書の作品は、すべてハサミ1本で切れるものばかりです。切り落とし終わったら、静かに紙を広げてみてください。そこに現れた美しい絵柄に、きっと驚かれることでしょう！

◀切り紙に必要な道具

●ハサミ

文房具として売られているようなふつうのハサミで OK。

●ホッチキス

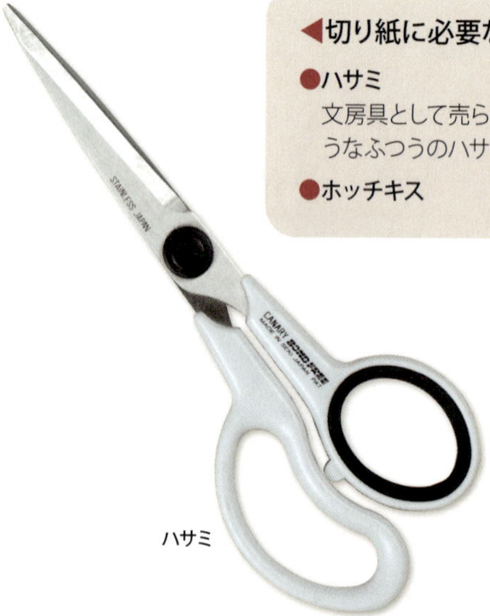

ハサミ

❶ 17 ページ以降の切り紙作品を、切り取り線にそって切り離します。

❷ 折り線通りに折りたたみます（※折り方は絵柄によって違います）。

❸ グレーの部分（なおかつ切るのに邪魔にならない箇所）を何箇所か、ホッチキスでとめます。

❹ ハサミで、グレーの部分を切り落としていきます。絵柄の真ん中（折り目のあるほう）から切ると、切りやすいです。

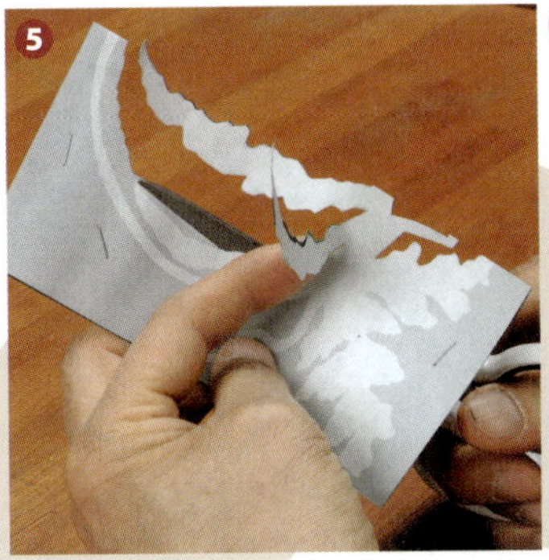

❺ 白い部分は切り落とさないように、
注意して切り進めましょう。

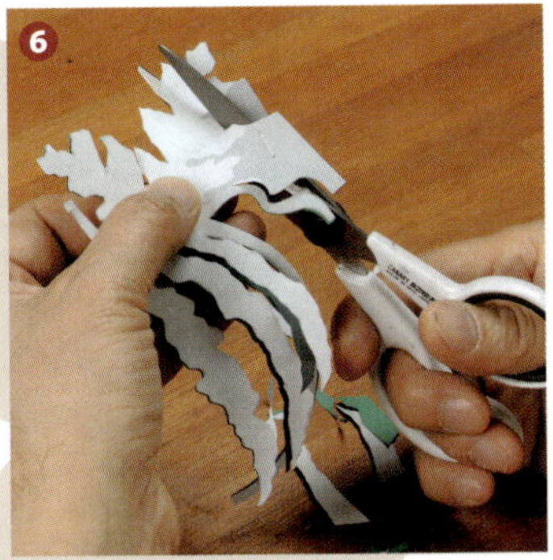

❻ さらにどんどん切り抜いていきます。複雑な模様も、あわてずにゆっくり切れば、大丈夫。

❼ 切り終わったところ。

❽ 静かにゆっくりと
開けば……。

❾ ほら、できあがり！

切り方のポイント

◆ 隠しバサミ

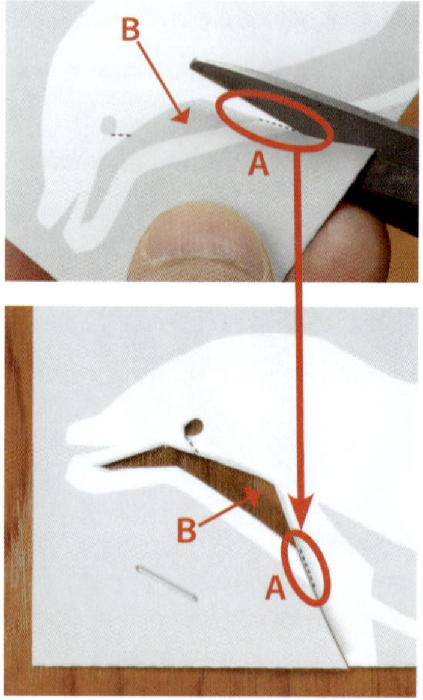

本書の作品はすべてハサミ1本で切ることができますが、一部の絵柄は「隠しバサミ」という手法を使って切ります。「隠しバサミ」が必要な箇所には、点線が入っています（上図A）。点線にハサミを入れることによって、本来切れない箇所（B）も切ることができます。

◆ 紙を回しながら切る

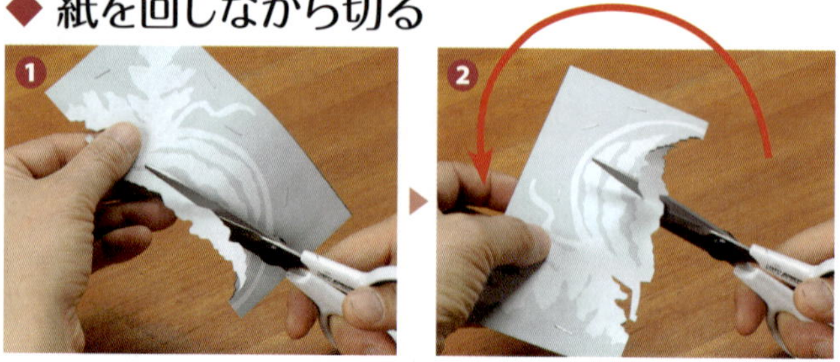

ジグザグ模様などを切るときは、ハサミを持つ手の角度は変えずに、紙を切りやすい位置にぐるぐると回しながら切る（❶→❷）と、スムーズに切れます。

◆ 刃元から刃先を大きく使って切る

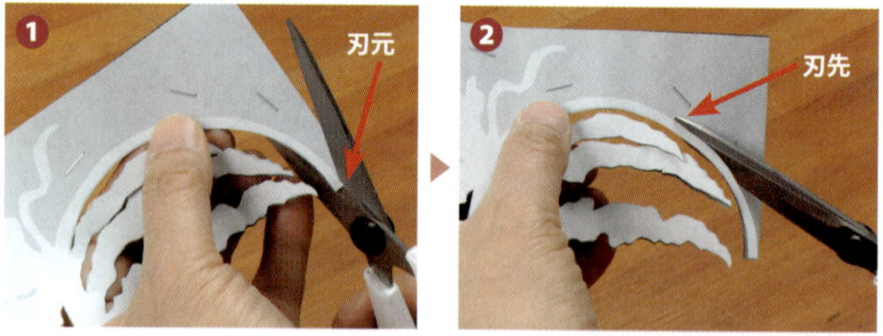

大きいカーブや直線を切るときは、切り始めの位置に刃元を置いて（❶）、一気に刃先まで使って切る（❷）と、きれいな線で切れます。

◆ 刃先だけを使って短く切る

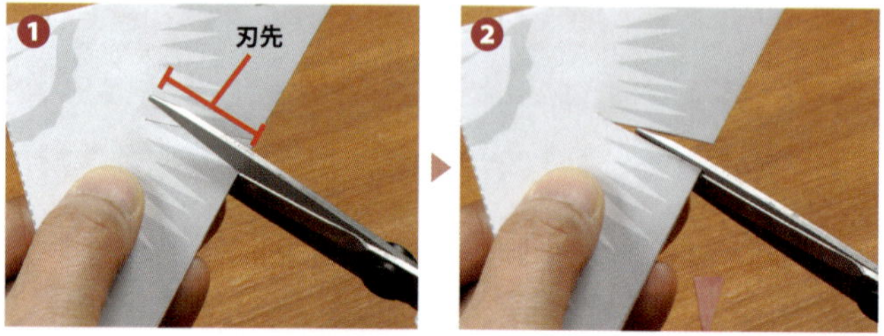

短い線を切るときは、切りたい長さの分だけ刃先を開いて紙に当て（❶）、「チョン、チョン」と切りましょう（❷）。

折り方の紹介

本書の切り紙は、紙を何回か折ってから切っていきます。紙の折り方は何種類かありますので、こちらで確認してください。

紙を折るときは、折り目を爪でしっかりしごくようにしましょう。

2つ折り

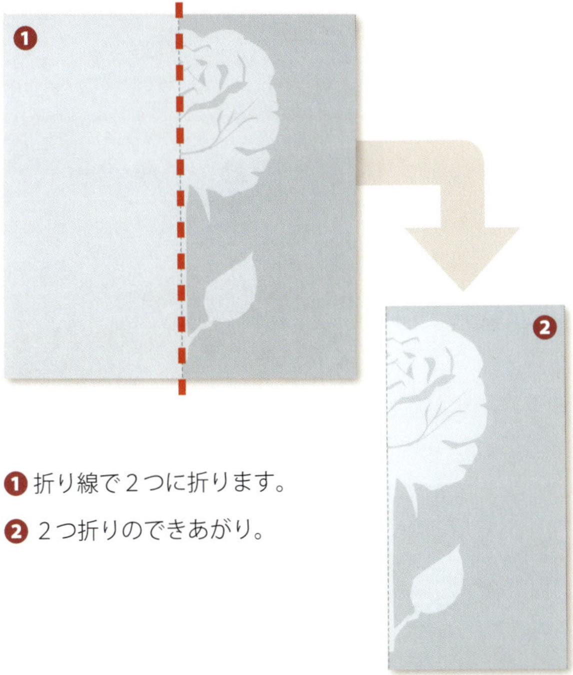

❶ 折り線で２つに折ります。

❷ ２つ折りのできあがり。

斜め２つ折り

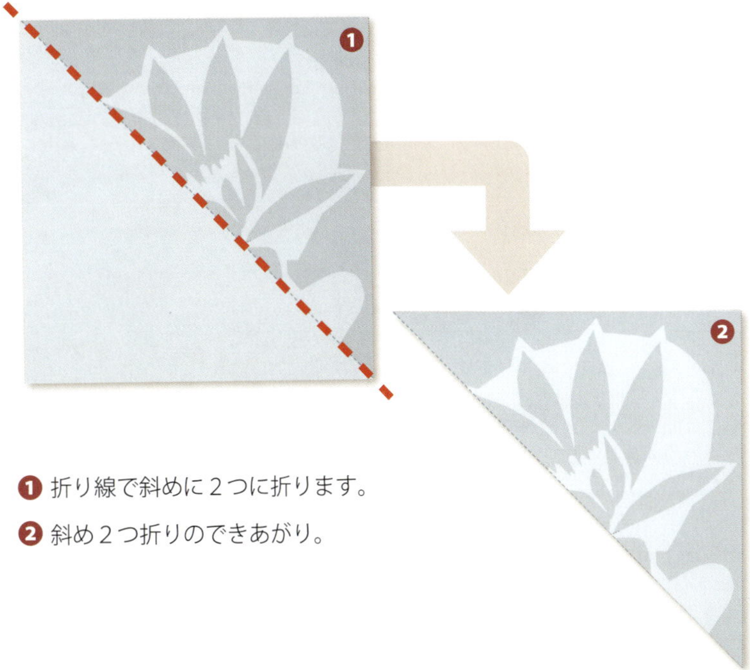

❶ 折り線で斜めに２つに折ります。

❷ 斜め２つ折りのできあがり。

4つ折り

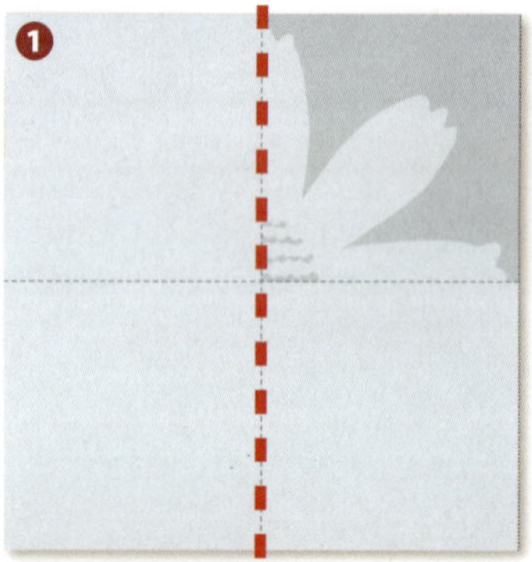

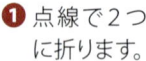

❶ 点線で2つに折ります。

❷ さらに点線で2つに折ります。

❸ 4つ折りのできあがり。

斜め4つ折り

❶ 折り線で2つに折ります。

❷ さらに折り線で2つに折ります。

❸ 斜め4つ折りのできあがり。

巻き4つ折り

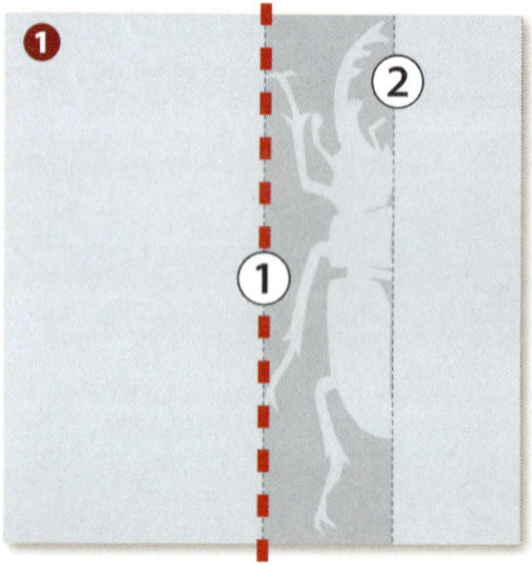

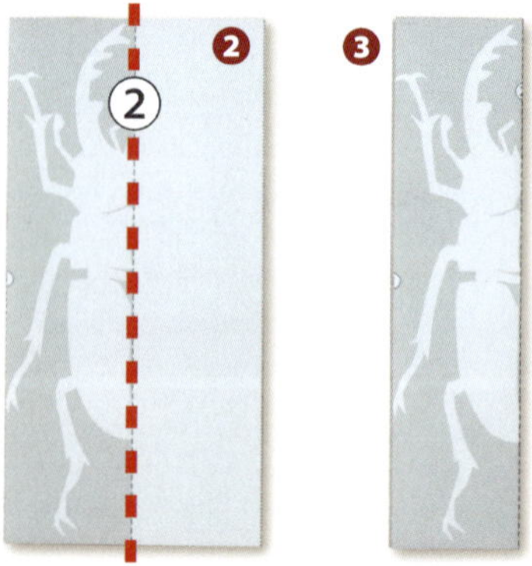

❶ ①の折り線で2つに折ります。

❷ さらに②の折り線で2つに折ります。

❸ 巻き4つ折りのできあがり。

6つ折り

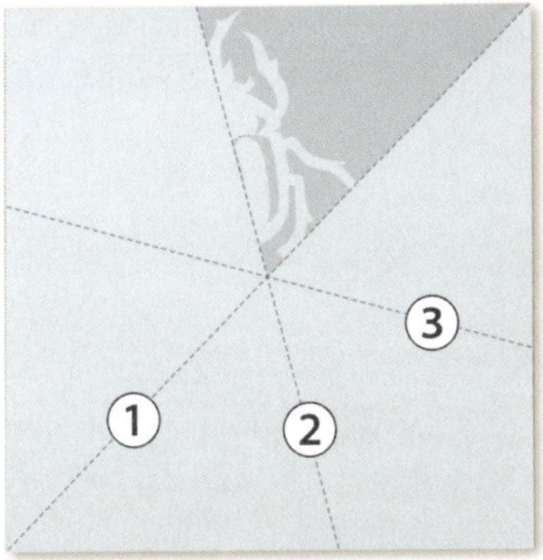

❶ まず①の折り線で2つに折ります。

❷ 裏返して、②の折り線で折ります。

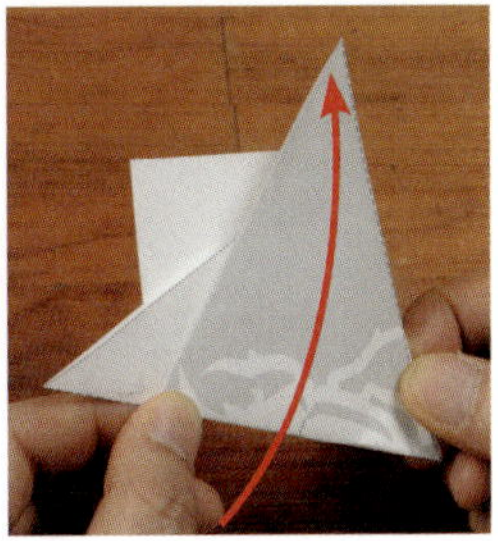

❸ ③の折り線で折ります。

❹ 6つ折りのできあがり。

10折り

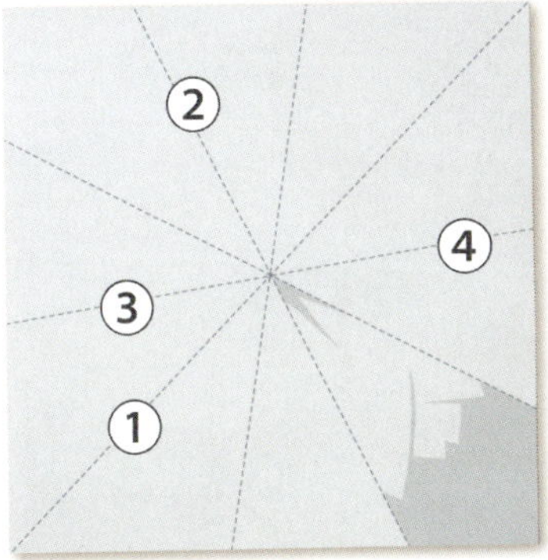

❶ まず①の折り線で2つに折ります。

❷ 裏返して、②の折り線で折ります。

❸ ③の折り線で折ります。

❹ ④の折り線で折ります。

❺ 10折りのできあがり。

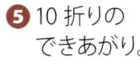

さあ始めましょう！

切り紙は、若い女性の方々が中心に始められて、お子様からご高齢の方々まで、幅広い層の方々に楽しんでいただけるようになりました。

切ったものをプレゼントに添えたり、手紙に同封したりすると、とても喜ばれます。楽しみながら切った作品は、もらった人にもその喜びが伝わるのです。

本書は「そのまま切り紙」シリーズの３冊めです。

ハサミだけで切れるものばかり集めました。

ハサミだけとはいえ、簡単に切れるものから、少し難しいものまでいろいろと取りそろえました。簡単に切れるものでも、最終的には美しく洗練された形ができあがるように、工夫したものです。

季節にあわせ、歳時にあわせ、生活とともに、楽しみながら切っていただければ幸いです。

どうぞ皆様方、近くにあるハサミを手に取って、お気軽に楽しんでください。

平成23年 3月吉日

小宮山 逢邦

……草花 1……

桜《さくら》

2つ折り

切り取り線

●作り方

ⓐ切り取り線（……………）で切り離します。

ⓑ折り線（－－－－－）で絵柄が一番上に来るように2つ折りします。▶ **13 ページ参照**

ⓒ紙を重ねたまま、グレーの部分を切り落とします。

ⓓ紙を開けば、できあがり！

……草花 1……

桜《さくら》

2つ折り

…… 草花 2 ……

八《や》重《え》桜《ざくら》

10折り

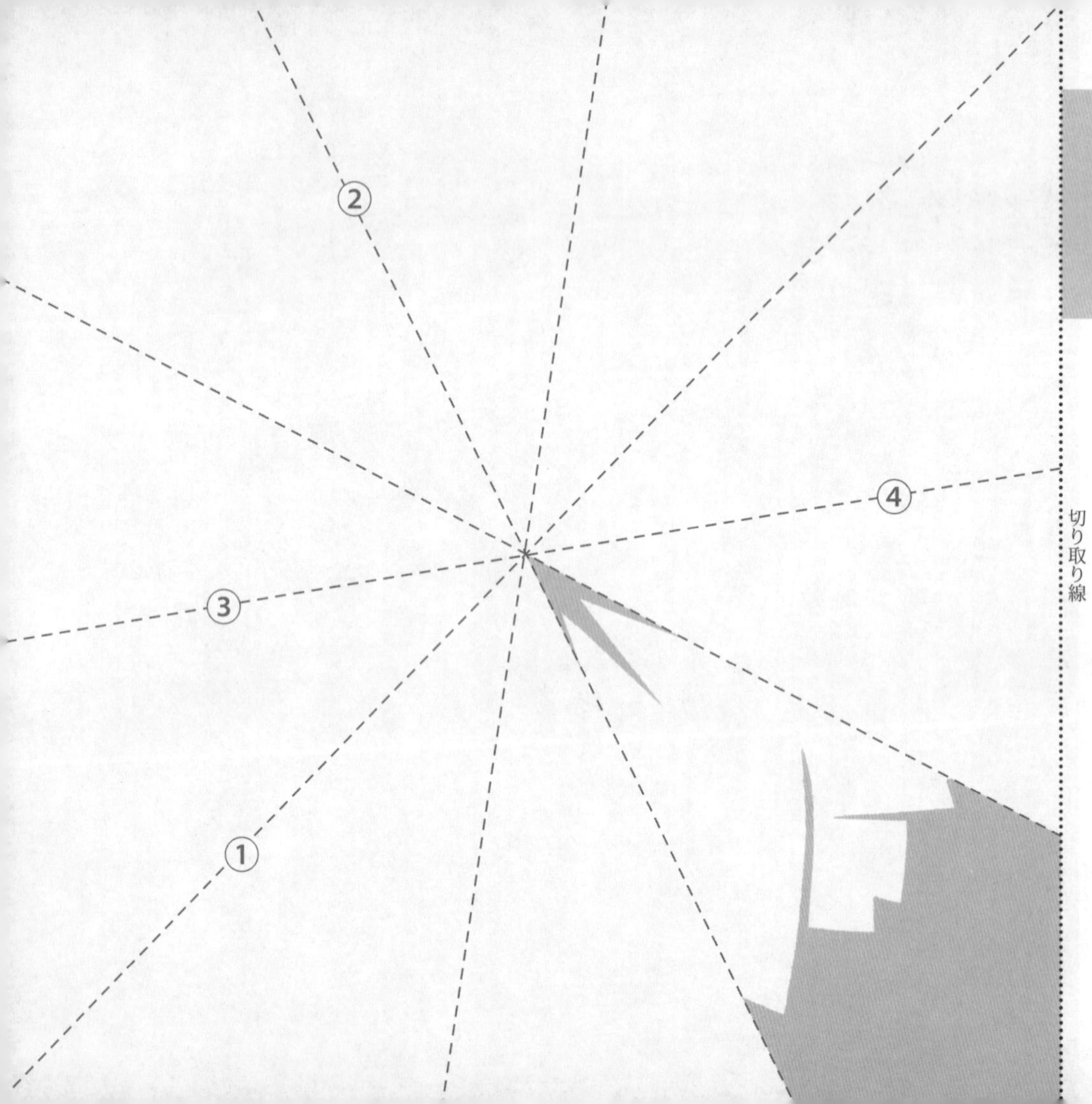

……草花2……

八《や》重《え》桜《ざくら》

10折り

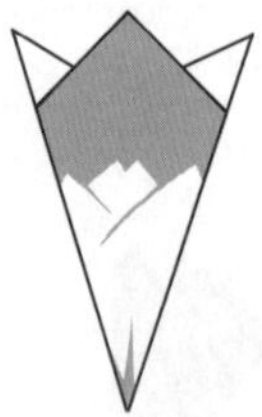

●作り方

ⓐ切り取り線(··············) で切り離します。

ⓑ折り線(－－－－－－)で絵柄が一番上に来るように10折りします(①→②→③→④の順番で折ります)。**▶15ページ参照**

ⓒ紙を重ねたまま、グレーの部分を切り落とします。

ⓓ紙を開けば、できあがり!

…… 草花3 ……

つつじ

2つ折り

切り取り線

●作り方

ⓐ切り取り線（……………）で切り離します。

ⓑ折り線（－－－－－）で絵柄が一番上に来るように2つ折りします。▶ **13ページ参照**

ⓒ紙を重ねたまま、グレーの部分を切り落とします。

ⓓ紙を開けば、できあがり！

…… 草花3 ……

つつじ

2つ折り

…… 草花 4 ……

スイートピー

4つ折り

……草花4……

スイートピー

4つ折り

●作り方

ⓐ切り取り線（……………）で切り離します。

ⓑ折り線（－－－－－）で絵柄が一番上に来るように4つ折りします。▶ **14ページ参照**

ⓒ紙を重ねたまま、グレーの部分を切り落とします。

ⓓ紙を開けば、できあがり！

……草花5……

あやめ

斜め2つ折り

●作り方

ⓐ切り取り線（……………）で切り離します。

ⓑ折り線（－－－－－）で絵柄が一番上に来るように斜め2つ折りします。▶ 13ページ参照

ⓒ紙を重ねたまま、グレーの部分を切り落とします。

ⓓ紙を開けば、できあがり！

切り取り線

……草花5……

あやめ

斜め2つ折り

……草花6……

薔《ば》薇《ら》

2つ折り

切り取り線

……草花6……

薔《ば》薇《ら》

2つ折り

●作り方

ⓐ切り取り線（……………）で切り離します。

ⓑ折り線（－－－－－）で絵柄が一番上に来るように2つ折りします。▶ **13ページ参照**

ⓒ紙を重ねたまま、グレーの部分を切り落とします。

ⓓ紙を開けば、できあがり！

…… 草花 7 ……

クローバー

4つ折り

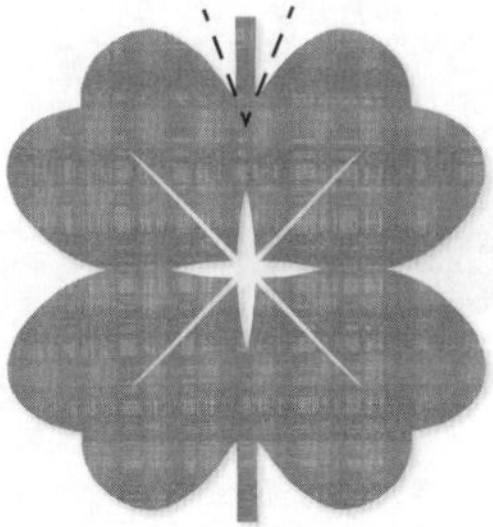

切り取り線

●作り方

ⓐ切り取り線（…………）で切り離します。

ⓑ折り線（－－－－－）で絵柄が一番上に来るように4つ折りします。**▶ 14 ページ参照**

ⓒ紙を重ねたまま、グレーの部分を切り落とします。

ⓓ紙を開いて、上図の点線部分を切り取れば、できあがり！

…… 草花 7 ……

クローバー

4つ折り

…… 草花 8 ……

ひまわり

6つ折り

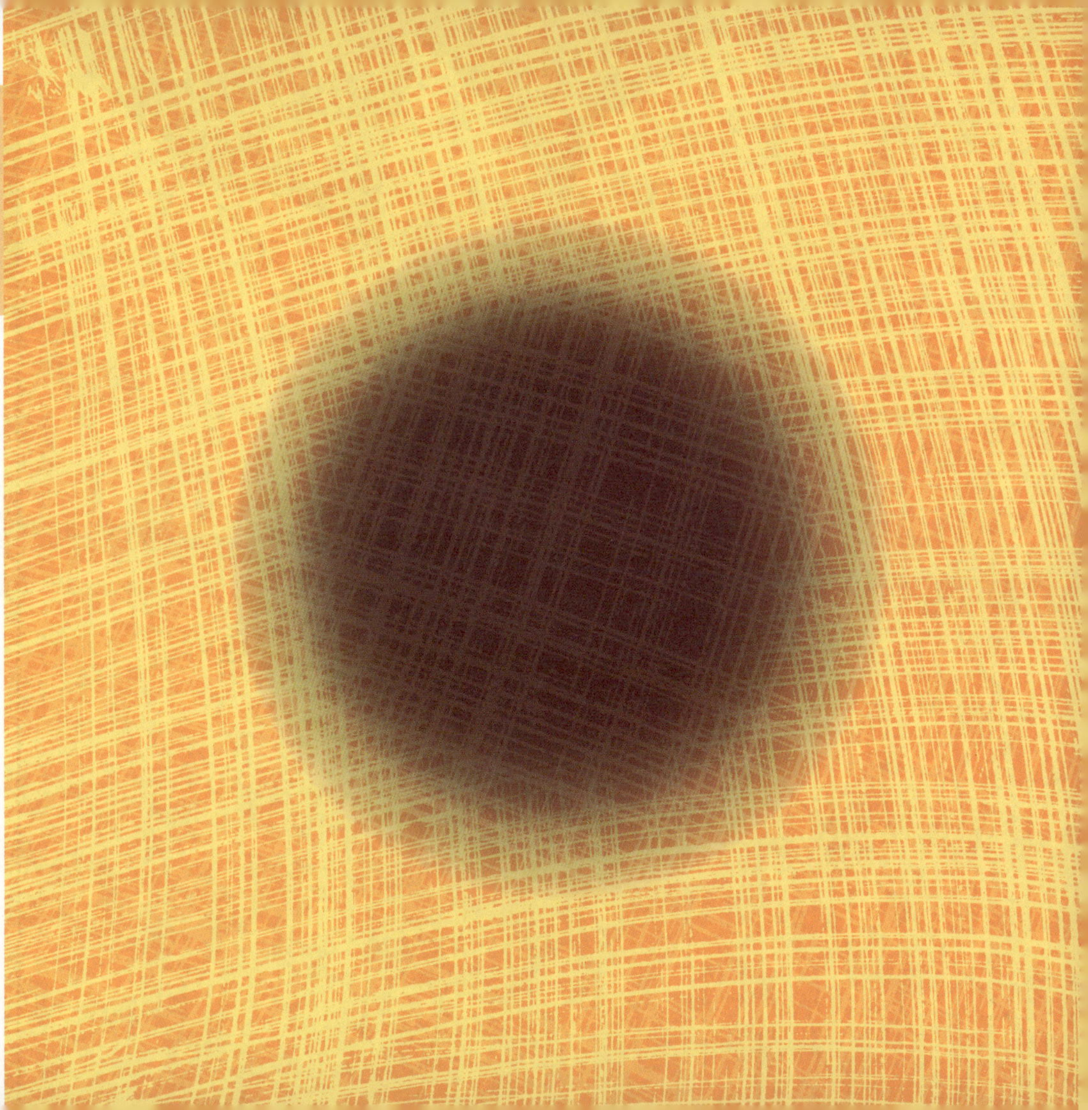

切り取り線

……草花 8……

ひまわり

6つ折り

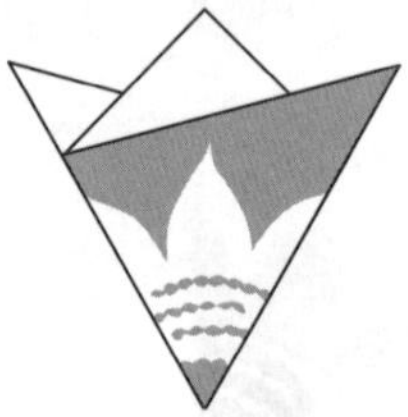

●作り方

ⓐ切り取り線（…………）で切り離します。

ⓑ折り線（－－－－－）で絵柄が一番上に来るように6つ折りします（①→②→③の順番で折ります）。
▶15ページ参照

ⓒ紙を重ねたまま、グレーの部分を切り落とします。

ⓓ紙を開けば、できあがり！

…… 草花 9 ……

山《やま》百合《ゆり》

斜め2つ折り

●作り方

ⓐ切り取り線（･･････････････）で切り離します。

ⓑ折り線（－－－－－－）で絵柄が一番上に来るように斜め2つ折りします。▶13ページ参照

ⓒ紙を重ねたまま、グレーの部分を切り落とします。

ⓓ紙を開けば、できあがり！

切り取り線

…… 草花9 ……

山《やま》百《ゆ》合《り》

斜め2つ折り

……草花 10……

蓮《はす》の花《はな》

斜め2つ折り

切り取り線

……草花 10……

蓮《はす》の花《はな》

斜め2つ折り

------ **隠しバサミ線** ▶12ページ参照

●作り方

ⓐ切り取り線（……………）で切り離します。

ⓑ折り線（－－－－－－）で絵柄が一番上に来るように斜め２つ折りします。▶ **13 ページ参照**

ⓒ紙を重ねたまま、グレーの部分を切り落とします。隠しバサミ線（▶ **12 ページ参照**）をうまく使って切りましょう。

ⓓ紙を開けば、できあがり！

……草花11……

菊《きく》

6つ折り

切り取り線

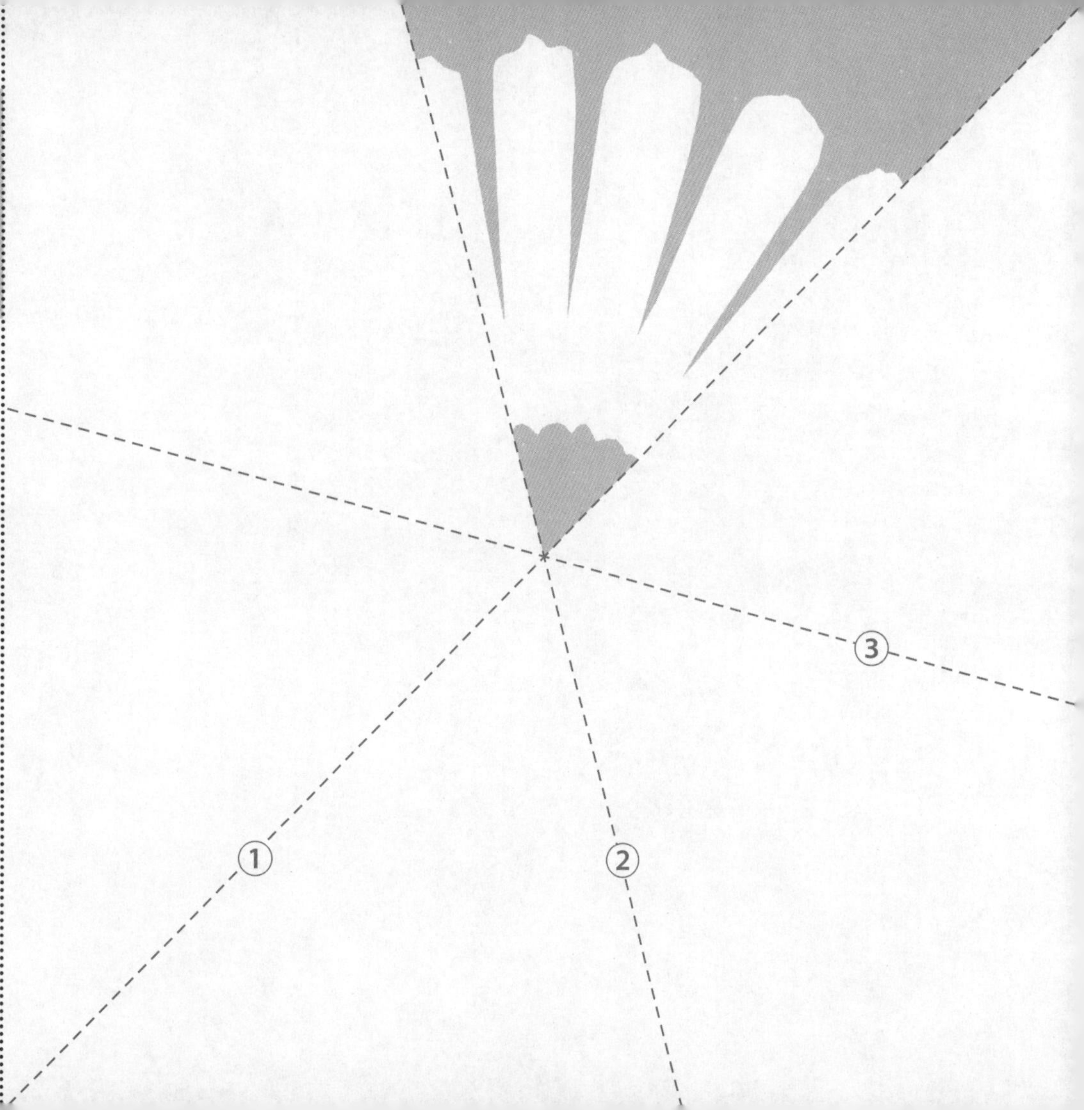

●作り方

ⓐ切り取り線(・・・・・・・・・・・・・) で切り離します。

ⓑ折り線(－－－－－－)で絵柄が一番上に来るように6つ折りします(①→②→③の順番で折ります)。
▶15ページ参照

ⓒ紙を重ねたまま、グレーの部分を切り落とします。

ⓓ紙を開けば、できあがり!

……草花 11……

菊《きく》

6つ折り

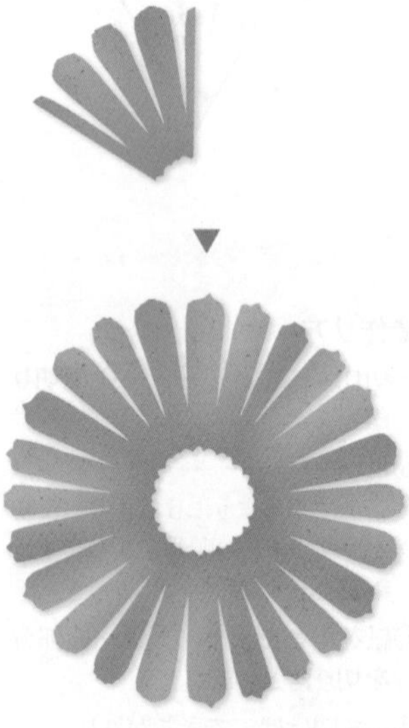

…… 草花 12 ……

コスモス一輪《いちりん》

4つ折り

▼

……草花 12……

コスモス一輪《いちりん》

4つ折り

切り取り線

●作り方

ⓐ切り取り線（……………）で切り離します。

ⓑ折り線（－－－－－）で絵柄が一番上に来るように4つ折りします。▶ **14 ページ参照**

ⓒ紙を重ねたまま、グレーの部分を切り落とします。

ⓓ紙を開けば、できあがり！

……草花13……

コスモス二輪《にりん》

4つ折り

●作り方

ⓐ切り取り線（……………）で切り離します。

ⓑ折り線（－－－－－）で絵柄が一番上に来るように4つ折りします。▶**14ページ参照**

ⓒ紙を重ねたまま、グレーの部分を切り落とします。

ⓓ紙を開けば、できあがり！

切り取り線

……草花13……

コスモス二《に》輪《りん》

4つ折り

▼

…… 草花 14 ……

桔《き》梗《きょう》

4つ折り

▼

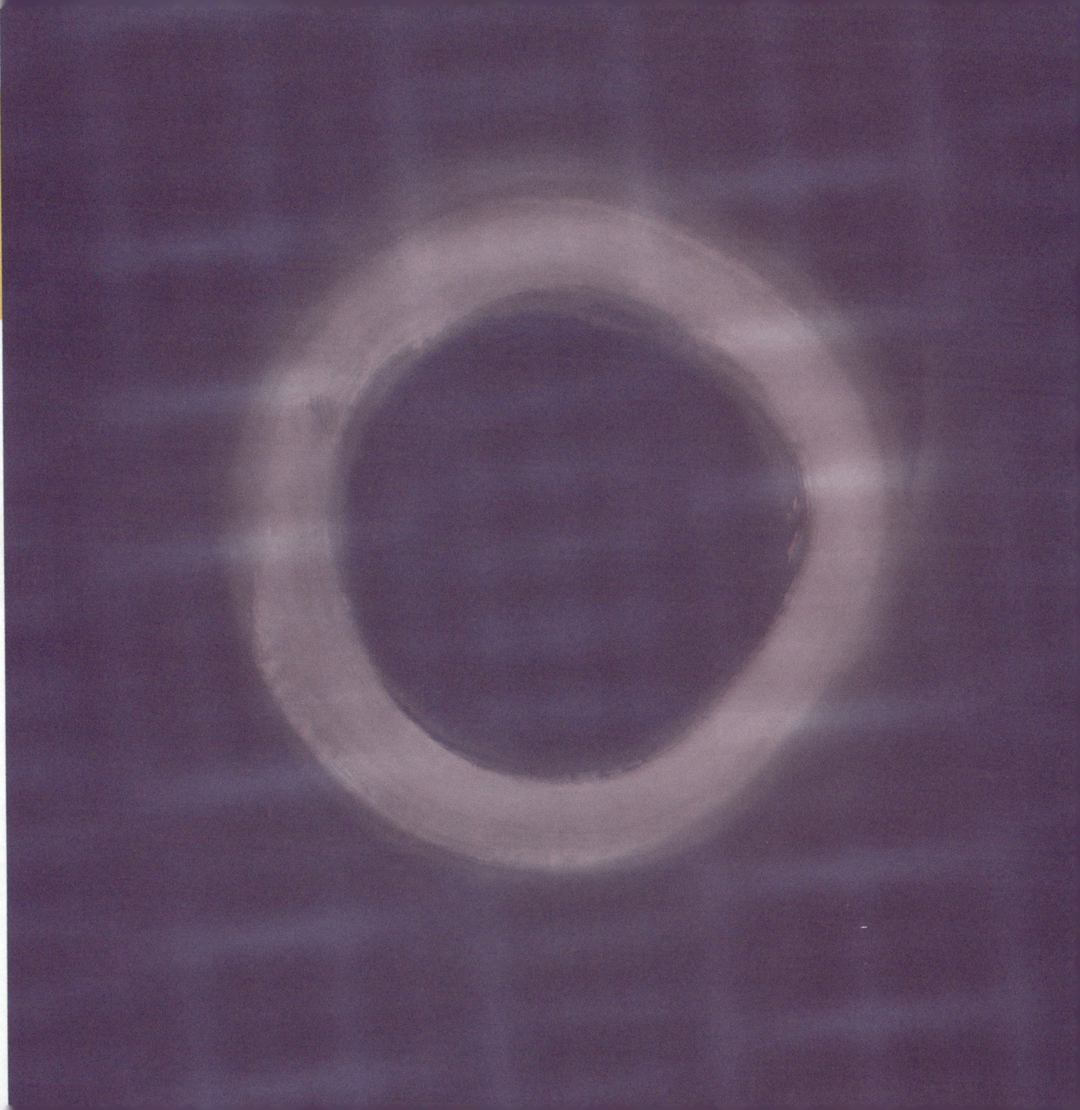

…… 草花 14 ……

桔《き》梗《きょう》

4つ折り

●作り方

ⓐ切り取り線（……………）で切り離します。

ⓑ折り線（－－－－－）で絵柄が一番上に来るように4つ折りします。**▶ 14 ページ参照**

ⓒ紙を重ねたまま、グレーの部分を切り落とします。

ⓓ紙を開けば、できあがり！

…… 草花 15 ……

銀杏《いちょう》

斜め4つ折り

●作り方

ⓐ切り取り線（··············）で切り離します。

ⓑ折り線（－－－－－）で絵柄が一番上に来るように斜め4つ折りします。▶ 14ページ参照

ⓒ紙を重ねたまま、グレーの部分を切り落とします。

ⓓ紙を開けば、できあがり！

切り取り線

……草花 15……

銀杏《いちょう》

斜め4つ折り

……草花16……

水仙《すいせん》

6つ折り

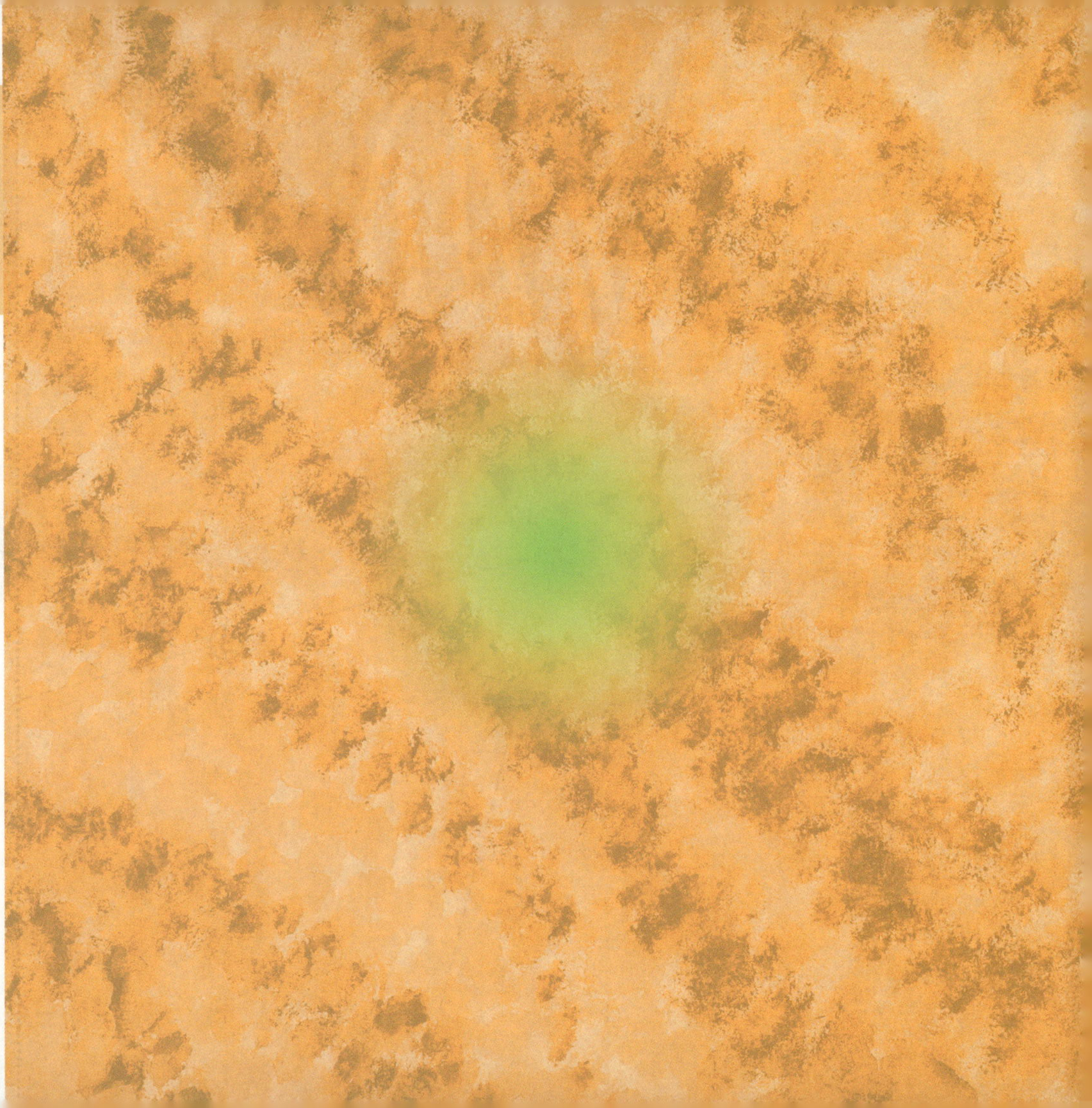

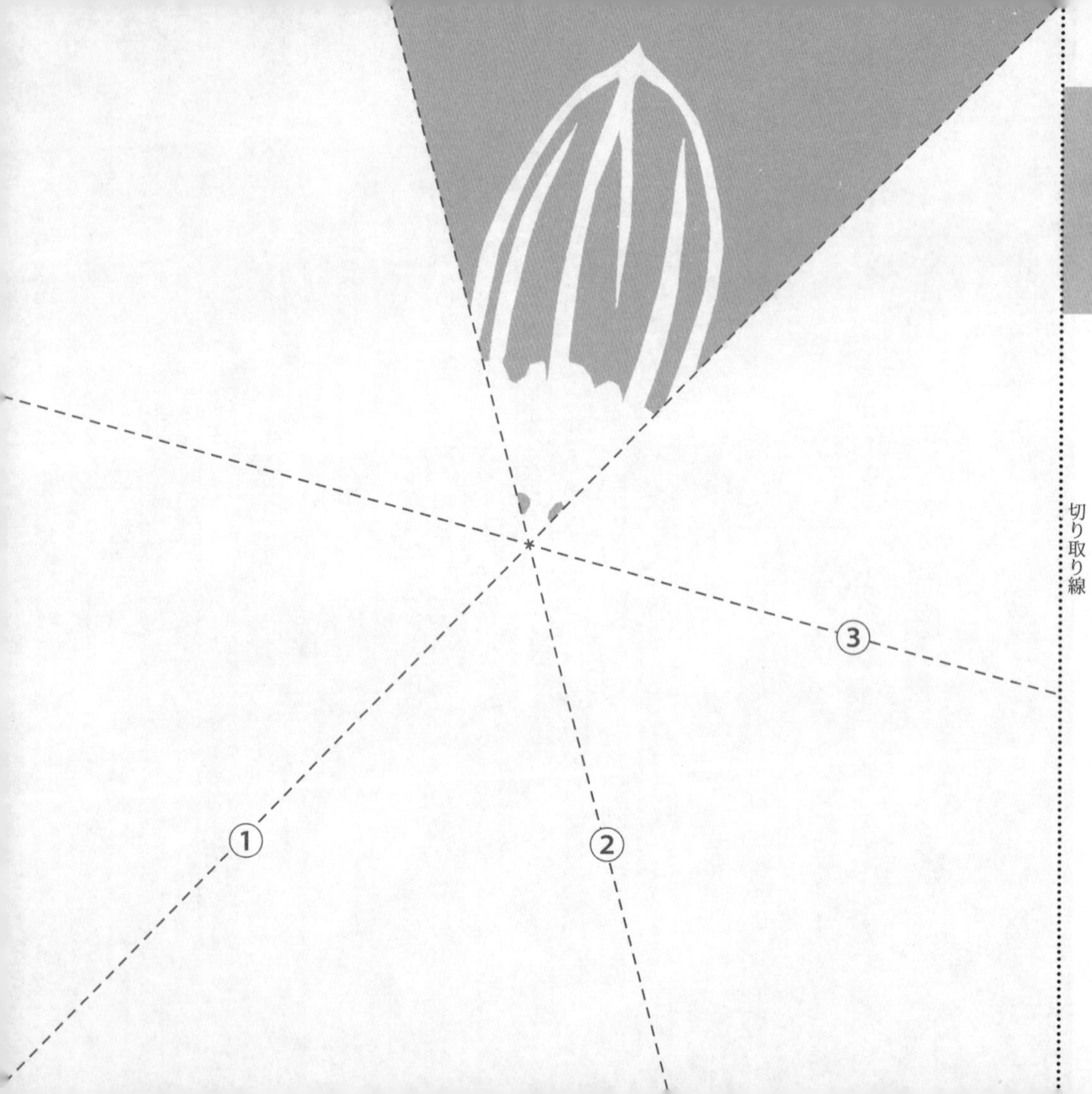

·····草花16·····

水仙《すいせん》

6つ折り

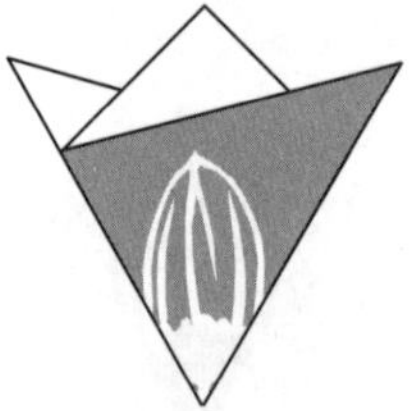

●作り方

ⓐ切り取り線(··············) で切り離します。

ⓑ折り線(－－－－－－)で絵柄が一番上に来るように6つ折りします(①→②→③の順番で折ります)。
▶15ページ参照

ⓒ紙を重ねたまま、グレーの部分を切り落とします。

ⓓ紙を開けば、できあがり！

……草花17……

椿《つばき》

斜め2つ折り

切り取り線

●作り方

ⓐ切り取り線（……………）で切り離します。

ⓑ折り線（－－－－－）で絵柄が一番上に来るように斜め2つ折りします。▶13ページ参照

ⓒ紙を重ねたまま、グレーの部分を切り落とします。

ⓓ紙を開けば、できあがり！

……草花17……

椿《つばき》

斜め2つ折り

▼

……野菜・果物1……

りんご

2つ折り

切り取り線

……野菜・果物1……

りんご

2つ折り

●作り方

ⓐ切り取り線（……………）で切り離します。

ⓑ折り線（－－－－－）で絵柄が一番上に来るように2つ折りします。▶ **13ページ参照**

ⓒ紙を重ねたまま、グレーの部分を切り落とします。

ⓓ紙を開けば、できあがり！

……野菜・果物 2……

スイカ

2つ折り

●作り方

ⓐ切り取り線（…………）で切り離します。

ⓑ折り線（－－－－－）で絵柄が一番上に来るように2つ折りします。▶ **13ページ参照**

ⓒ紙を重ねたまま、グレーの部分を切り落とします。

ⓓ紙を開けば、できあがり！

切り取り線

……野菜・果物2……

スイカ

2つ折り

▼

……野菜・果物 3……

かぼちゃ

2つ折り

▼

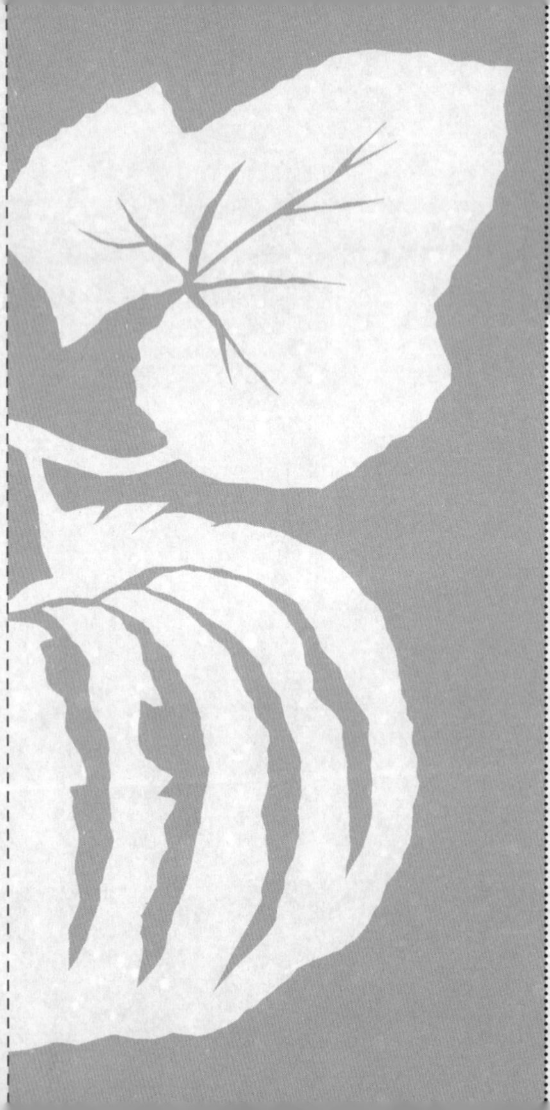

切り取り線

……野菜・果物3……

かぼちゃ

2つ折り

●作り方

ⓐ切り取り線（……………）で切り離します。

ⓑ折り線（－－－－－－）で絵柄が一番上に来るように2つ折りします。▶**13ページ参照**

ⓒ紙を重ねたまま、グレーの部分を切り落とします。

ⓓ紙を開けば、できあがり！

……野菜・果物 4……

栗《くり》

斜め4つ折り

●作り方

ⓐ切り取り線（…………）で切り離します。

ⓑ折り線（－－－－－）で絵柄が一番上に来るように斜め4つ折りします。▶ **14 ページ参照**

ⓒ紙を重ねたまま、グレーの部分を切り落とします。

ⓓ紙を開けば、できあがり！

切り取り線

……野菜・果物 4……

栗《くり》

斜め4つ折り

……野菜・果物 5……

白菜《はくさい》

2つ折り

切り取り線

……野菜・果物5……

白菜《はくさい》

2つ折り

●作り方

ⓐ切り取り線（……………）で切り離します。

ⓑ折り線（－－－－－）で絵柄が一番上に来るように2つ折りします。▶ **13ページ参照**

ⓒ紙を重ねたまま、グレーの部分を切り落とします。

ⓓ紙を開けば、できあがり！

……歳時 1……

松《まつ》

2つ折り

------- 隠しバサミ線 ▶12ページ参照

切り取り線

●作り方

ⓐ切り取り線（…………….）で切り離します。

ⓑ折り線（－－－－－－）で絵柄が一番上に来るように2つ折りします。▶ 13 ページ参照

ⓒ紙を重ねたまま、グレーの部分を切り落とします。隠しバサミ線（▶ 12 ページ参照）をうまく使って切りましょう。

ⓓ紙を開けば、できあがり！

……歳時 1……

松《まつ》

2つ折り

……歳時2……

竹《たけ》

6つ折り

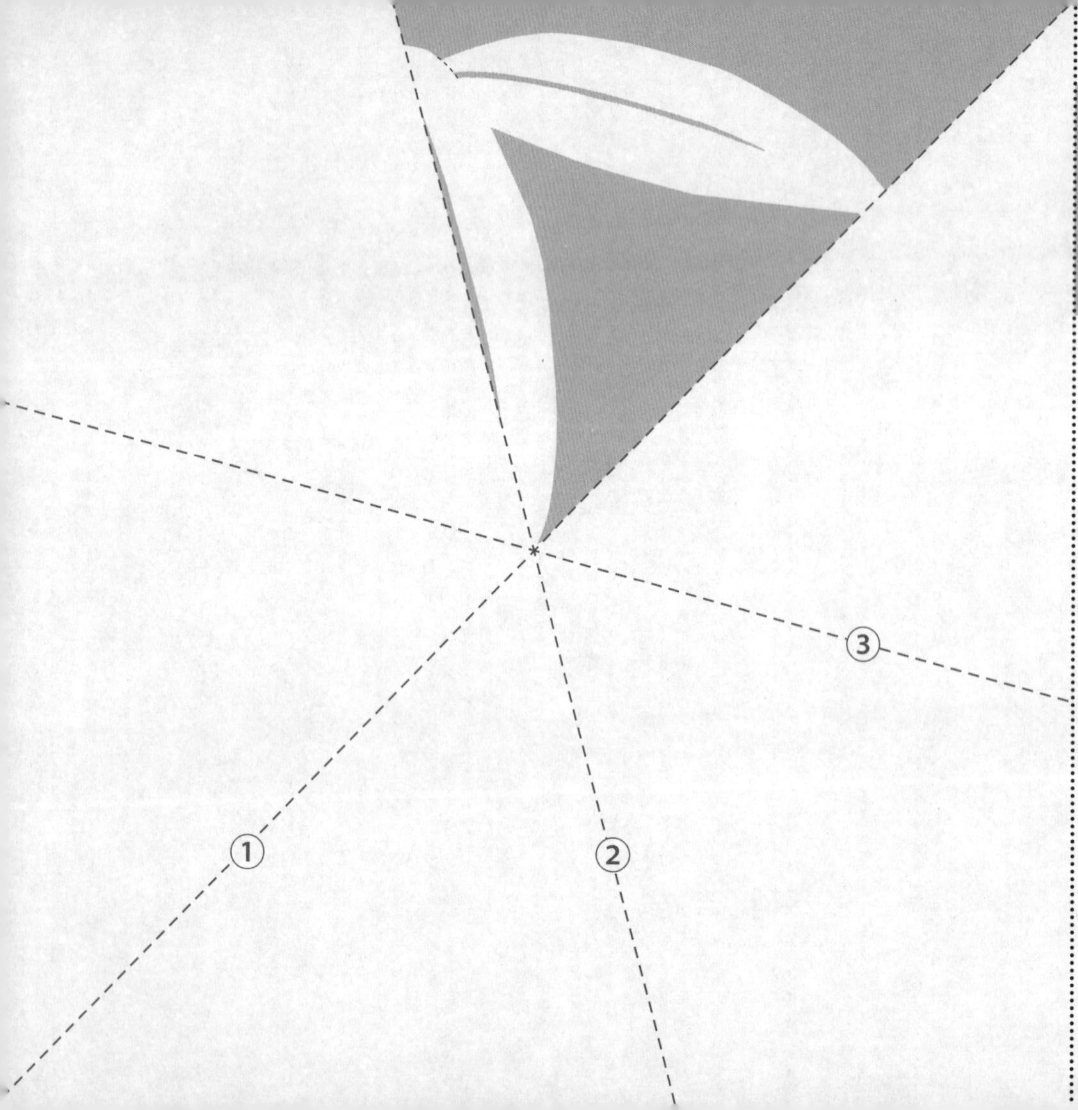

……歳時２……

竹《たけ》

6つ折り

------ **隠しバサミ線** ▶12ページ参照

●作り方

ⓐ切り取り線(……………) で切り離します。

ⓑ折り線(－－－－－)で絵柄が一番上に来るように6つ折りします(①→②→③の順番で折ります)。▶15ページ参照

ⓒ紙を重ねたまま、グレーの部分を切り落とします。隠しバサミ線(▶12ページ参照) をうまく使って切りましょう。

ⓓ紙を開けば、できあがり！

……歳時3……

梅《うめ》

4つ折り

------- 隠しバサミ線 ▶12ページ参照

切り取り線

●作り方

ⓐ切り取り線（……………）で切り離します。

ⓑ折り線（－－－－－）で絵柄が一番上に来るように4つ折りします。▶ 14ページ参照

ⓒ紙を重ねたまま、グレーの部分を切り落とします。隠しバサミ線（▶ 12ページ参照）をうまく使って切りましょう。

ⓓ紙を開けば、できあがり！

……歳時3……

梅《うめ》

4つ折り

…… 歳時 4 ……

門松《かどまつ》

2つ折り

切り取り線

……歳時4……

門松《かどまつ》

2つ折り

●作り方

ⓐ切り取り線（……………）で切り離します。

ⓑ折り線（－－－－－）で絵柄が一番上に来るように2つ折りします。▶**13ページ参照**

ⓒ紙を重ねたまま、グレーの部分を切り落とします。

ⓓ紙を開けば、できあがり！

……歳時5……

独《こ》楽《ま》

6つ折り

切り取り線

●作り方

ⓐ切り取り線（……………）で切り離します。

ⓑ折り線（－－－－－）で絵柄が一番上に来るように6つ折りします（①→②→③の順番で折ります）。▶15ページ参照

ⓒ紙を重ねたまま、グレーの部分を切り落とします。

ⓓ紙を開けば、できあがり！

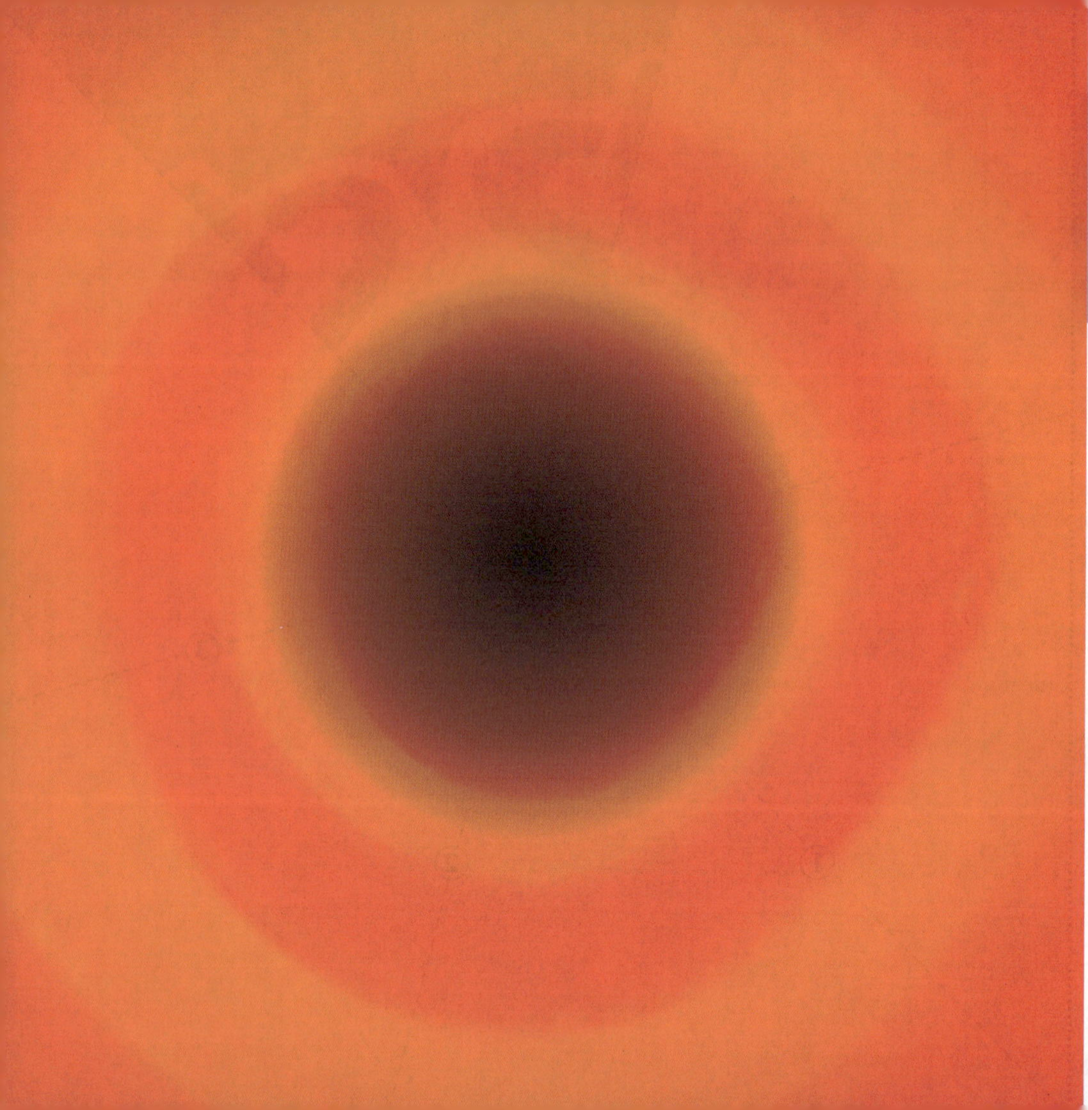

…… 歳時 5 ……

独《こ》楽《ま》

6つ折り

……歳時 6……

羽《は》根《ね》

4つ折り

▼

……歳時6……

羽《は》根《ね》

4つ折り

●作り方

ⓐ切り取り線（……………）で切り離します。

ⓑ折り線（－－－－－）で絵柄が一番上に来るように4つ折りします。**▶14ページ参照**

ⓒ紙を重ねたまま、グレーの部分を切り落とします。

ⓓ紙を開けば、できあがり！

……歳時 7……

富《ふ》士《じ》に波《なみ》

2つ折り

切り取り線

●作り方

ⓐ切り取り線（……………）で切り離します。

ⓑ折り線（－－－－－）で絵柄が一番上に来るように2つ折りします。▶ **13 ページ参照**

ⓒ紙を重ねたまま、グレーの部分を切り落とします。

ⓓ紙を開けば、できあがり！

…… 歳時 7 ……

富《ふ》士《じ》に波《なみ》

2つ折り

…… 歳時 8 ……

男《お》雛《びな》

2つ折り

切り取り線

……歳時 8……

男《お》雛《びな》

2つ折り

------ 隠しバサミ線 ▶12ページ参照

●作り方

ⓐ切り取り線（……………）で切り離します。

ⓑ折り線（－－－－－）で絵柄が一番上に来るように2つ折りします。▶ **13 ページ参照**

ⓒ紙を重ねたまま、グレーの部分を切り落とします。隠しバサミ線（▶ **12 ページ参照**）をうまく使って切りましょう。

ⓓ紙を開けば、できあがり！

……歳時9……

女《め》雛《びな》

2つ折り

------- 隠しバサミ線 ▶12ページ参照

切り取り線

●作り方

ⓐ切り取り線（……………）で切り離します。

ⓑ折り線（－－－－－）で絵柄が一番上に来るように2つ折りします。▶ 13 ページ参照

ⓒ紙を重ねたまま、グレーの部分を切り落とします。隠しバサミ線（▶ 12 ページ参照）をうまく使って切りましょう。

ⓓ紙を開けば、できあがり！

…… 歳時 9 ……

女《め》雛《びな》

2つ折り

▼

…… 歳時 10 ……

兜《かぶと》

2つ折り

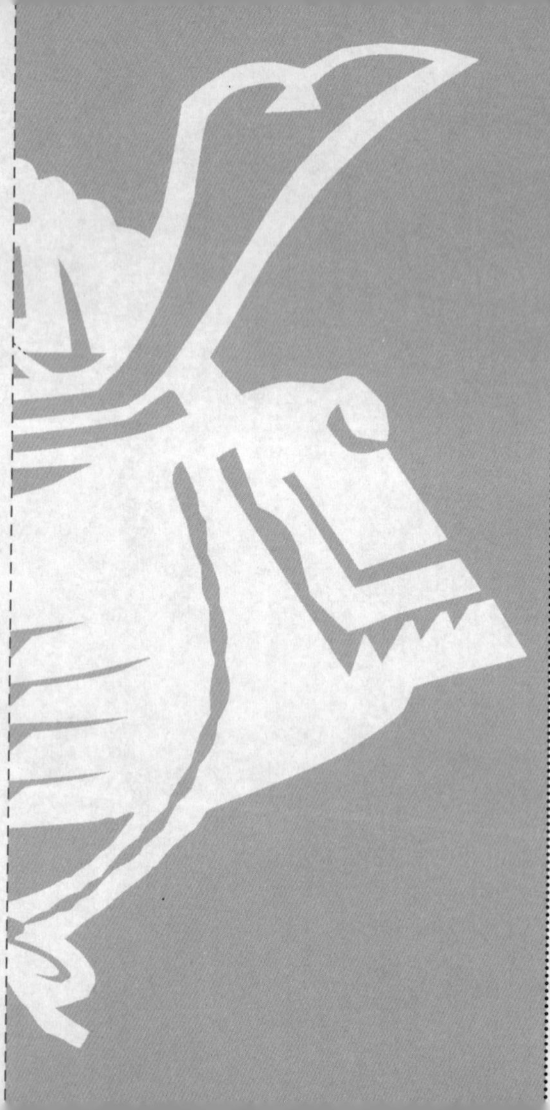

切り取り線

……歳時 10……

兜《かぶと》

2つ折り

------- 隠しバサミ線 ▶12ページ参照

●作り方

ⓐ切り取り線（……………）で切り離します。

ⓑ折り線（－－－－－）で絵柄が一番上に来るように2つ折りします。▶ 13 ページ参照

ⓒ紙を重ねたまま、グレーの部分を切り落とします。隠しバサミ線（▶ 12 ページ参照）をうまく使って切りましょう。

ⓓ紙を開けば、できあがり！

……歳時11……

風《ふう》鈴《りん》

2つ折り

切り取り線

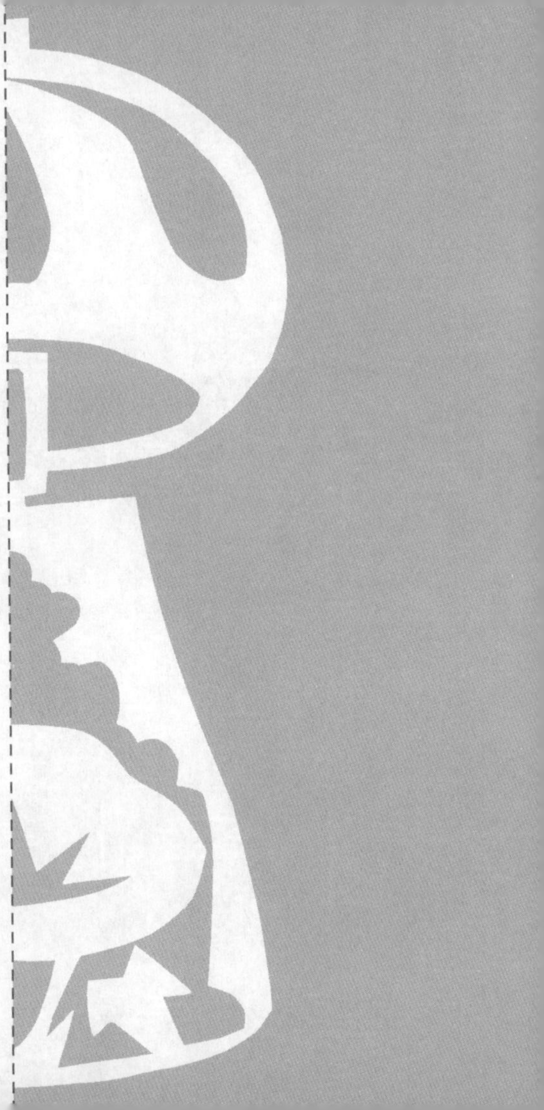

●作り方

ⓐ切り取り線（……………）で切り離します。

ⓑ折り線（－－－－－）で絵柄が一番上に来るように2つ折りします。▶ **13 ページ参照**

ⓒ紙を重ねたまま、グレーの部分を切り落とします。

ⓓ紙を開けば、できあがり！

…… 歳時 11 ……

風鈴《ふうりん》

2つ折り

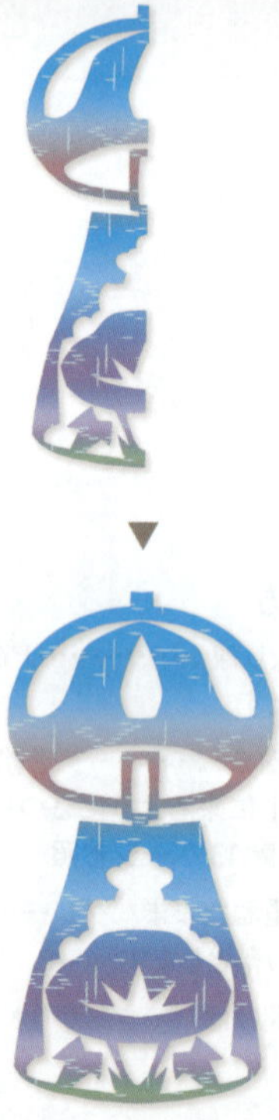

…… 歳時 12 ……

お月見《つきみ》うさぎ

2つ折り

▼

切り取り線

……歳時12……

お月《つき》見《み》うさぎ

2つ折り

------ 隠しバサミ線 ▶12ページ参照

●作り方

ⓐ切り取り線（……………）で切り離します。

ⓑ折り線（－－－－－）で絵柄が一番上に来るように2つ折りします。▶ 13 ページ参照

ⓒ紙を重ねたまま、グレーの部分を切り落とします。隠しバサミ線（▶ 12 ページ参照）をうまく使って切りましょう。

ⓓ紙を開けば、できあがり！

……歳時13……

クリスマスツリー

斜め2つ折り

切り取り線

●作り方

ⓐ切り取り線（……………）で切り離します。

ⓑ折り線（－－－－－）で絵柄が一番上に来るように斜め2つ折りします。▶ **13 ページ参照**

ⓒ紙を重ねたまま、グレーの部分を切り落とします。

ⓓ紙を開けば、できあがり！

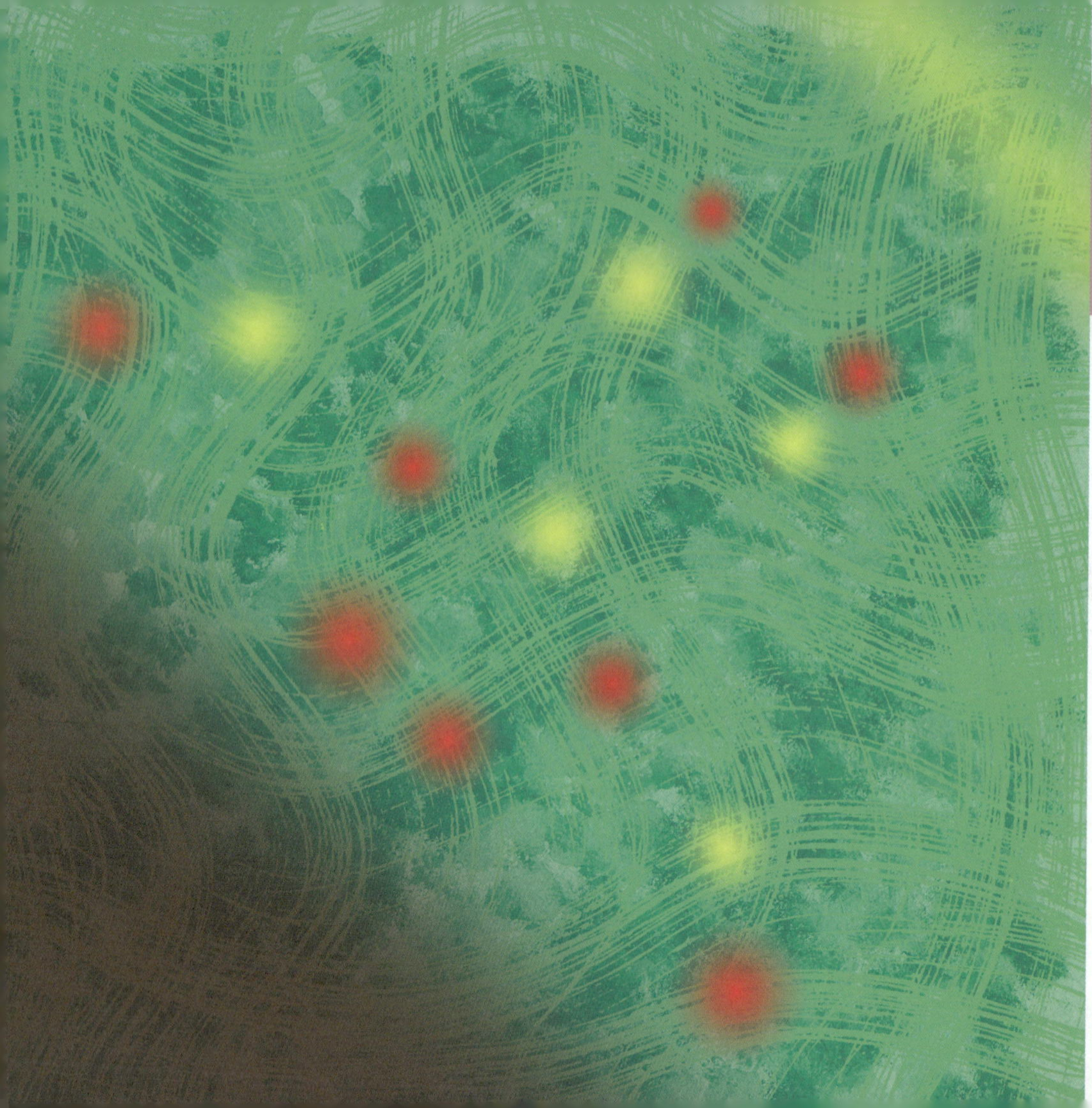

……歳時13……

クリスマスツリー

斜め2つ折り

……紋 1……

桐《きり》

2つ折り

切り取り線

……紋1……

桐《きり》

2つ折り

●作り方

ⓐ切り取り線（……………）で切り離します。

ⓑ折り線（－－－－－）で絵柄が一番上に来るように2つ折りします。▶**13ページ参照**

ⓒ紙を重ねたまま、グレーの部分を切り落とします。

ⓓ紙を開けば、できあがり！

……紋2……

三《み》つ葉《ば》葵《あおい》

6つ折り

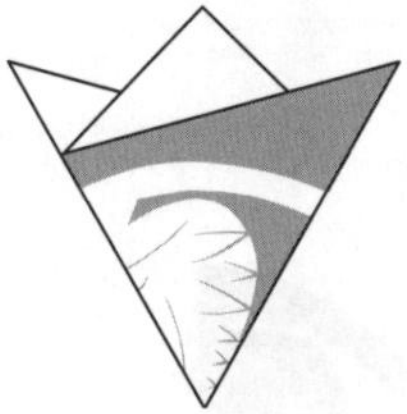

切り取り線

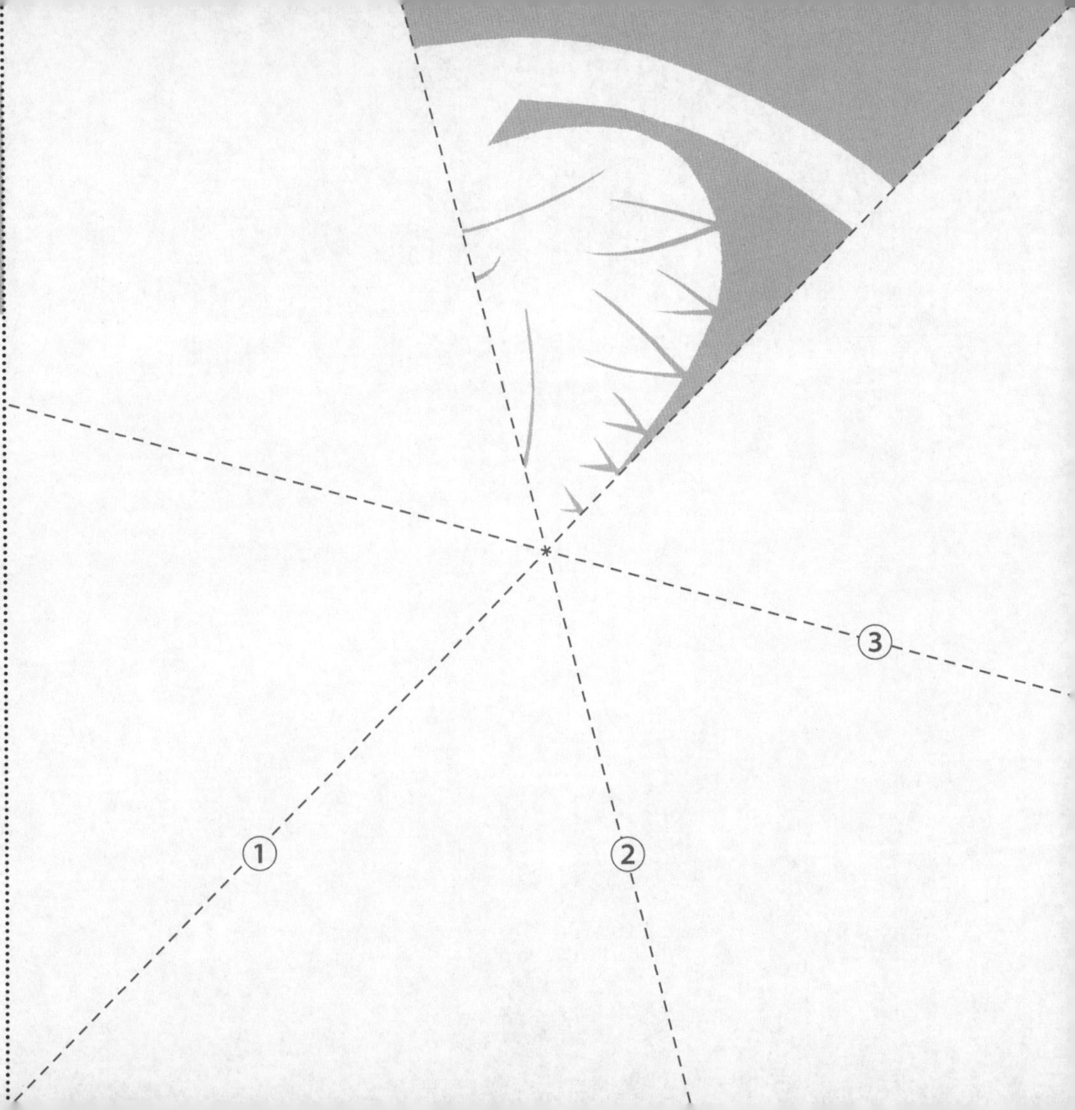

●作り方

ⓐ切り取り線(……………)で切り離します。

ⓑ折り線(－－－－－)で絵柄が一番上に来るように6つ折りします(①→②→③の順番で折ります)。
▶15ページ参照

ⓒ紙を重ねたまま、グレーの部分を切り落とします。

ⓓ紙を開けば、できあがり!

……紋2……

三《み》つ葉《ば》葵《あおい》

6つ折り

……紋3……

向《む》かい鶴《づる》

2つ折り

▼

……紋3……

向《む》かい鶴《づる》

2つ折り

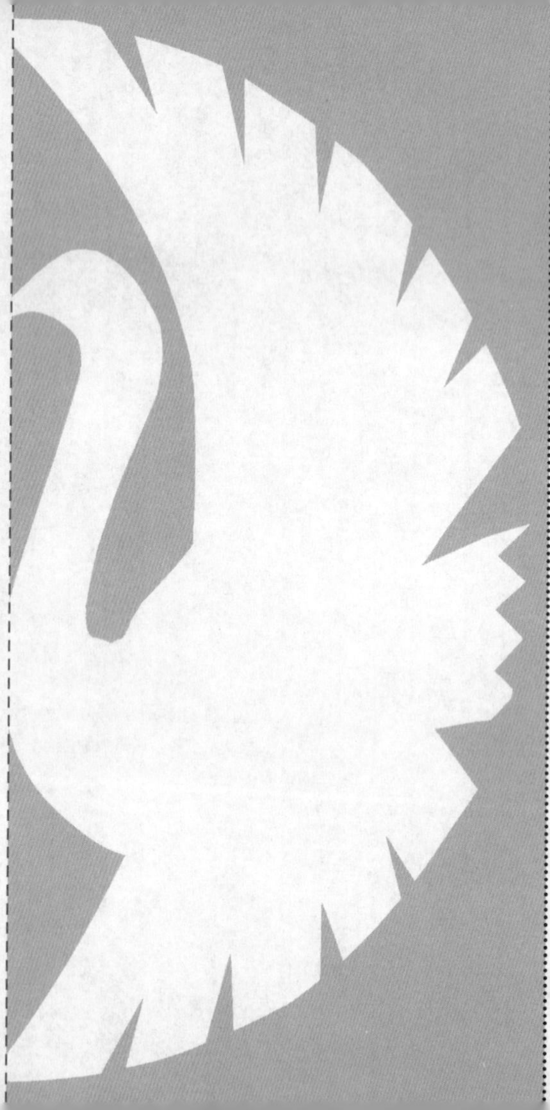

切り取り線

●作り方

ⓐ切り取り線（……………）で切り離します。

ⓑ折り線（－－－－－）で絵柄が一番上に来るように2つ折りします。▶13ページ参照

ⓒ紙を重ねたまま、グレーの部分を切り落とします。

ⓓ紙を開けば、できあがり！

……動物 1 ……

鶴《つる》

斜め2つ折り

------- 隠しバサミ線 ▶12ページ参照

●作り方

ⓐ切り取り線（··············）で切り離します。

ⓑ折り線（－－－－－）で絵柄が一番上に来るように斜め2つ折りします。▶ 13 ページ参照

ⓒ紙を重ねたまま、グレーの部分を切り落とします。隠しバサミ線（▶ 12 ページ参照）をうまく使って切りましょう。

ⓓ紙を開けば、できあがり！

切り取り線

…… 動物 1 ……

鶴《つる》

斜め2つ折り

……動物2……

亀《かめ》

2つ折り

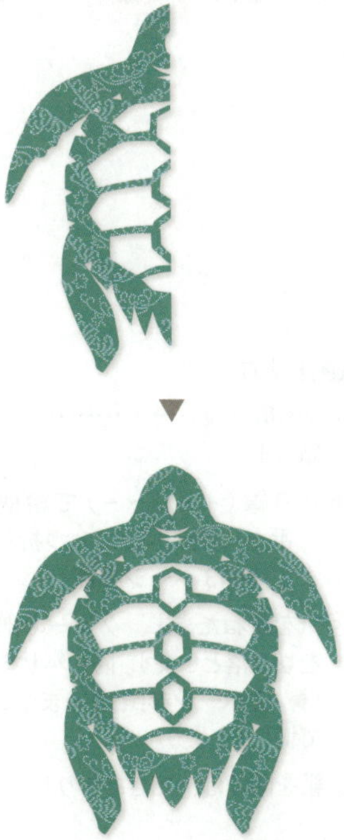

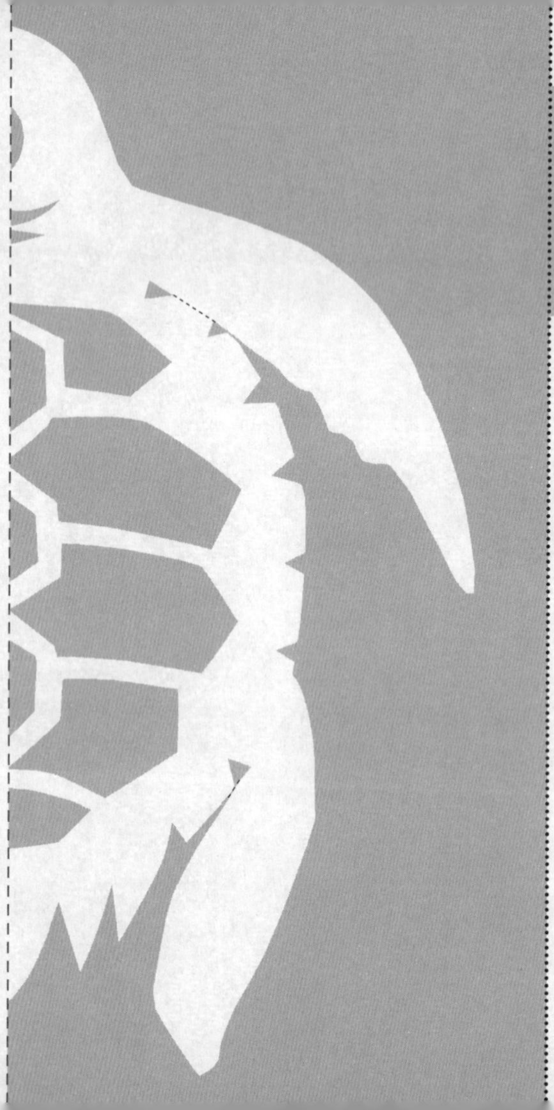

切り取り線

……動物2……

亀《かめ》

2つ折り

------ 隠しバサミ線 ▶12ページ参照

●作り方

ⓐ切り取り線（……………）で切り離します。

ⓑ折り線（－－－－－）で絵柄が一番上に来るように2つ折りします。▶13ページ参照

ⓒ紙を重ねたまま、グレーの部分を切り落とします。隠しバサミ線（▶12ページ参照）をうまく使って切りましょう。

ⓓ紙を開けば、できあがり！

……動物3……

みみずく

巻き4つ折り

-------隠しバサミ線 ▶12ページ参照

切り取り線

●作り方

ⓐ切り取り線（··············）で切り離します。

ⓑ折り線（－－－－－）で絵柄が一番上に来るように巻き4つ折りします（①→②の順番で折ります）。▶ 14ページ参照

ⓒ紙を重ねたまま、グレーの部分を切り落とします。隠しバサミ線（▶ 12ページ参照）をうまく使って切りましょう。

ⓓ紙を開けば、できあがり！

…… 動物3 ……

みみずく

巻き4つ折り

…… 動物 4 ……

イルカ

2つ折り

……動物4……

イルカ

2つ折り

------ 隠しバサミ線 ▶12ページ参照

切り取り線

●作り方

ⓐ切り取り線（……………）で切り離します。

ⓑ折り線（－－－－－）で絵柄が一番上に来るように2つ折りします。▶ 13 ページ参照

ⓒ紙を重ねたまま、グレーの部分を切り落とします。隠しバサミ線（▶ 12 ページ参照）をうまく使って切りましょう。

ⓓ紙を開けば、できあがり！

…… 昆虫 1 ……

蝶《ちょう》

2つ折り

切り取り線

●作り方

ⓐ切り取り線（……………）で切り離します。

ⓑ折り線（－－－－－）で絵柄が一番上に来るように2つ折りします。▶ **13 ページ参照**

ⓒ紙を重ねたまま、グレーの部分を切り落とします。

ⓓ紙を開けば、できあがり！

…… 昆虫 1 ……

蝶《ちょう》

2つ折り

……昆虫2……

トンボ

斜め4つ折り

切り離してもOK！

切り取り線

……昆虫2……

トンボ

斜め4つ折り

●作り方

ⓐ切り取り線（……………）で切り離します。

ⓑ折り線（－－－－－）で絵柄が一番上に来るように斜め4つ折りします。**▶14ページ参照**

ⓒ紙を重ねたまま、グレーの部分を切り落とします。

ⓓ紙を開けば、できあがり！

……昆虫3……

テントウムシ

斜め4つ折り

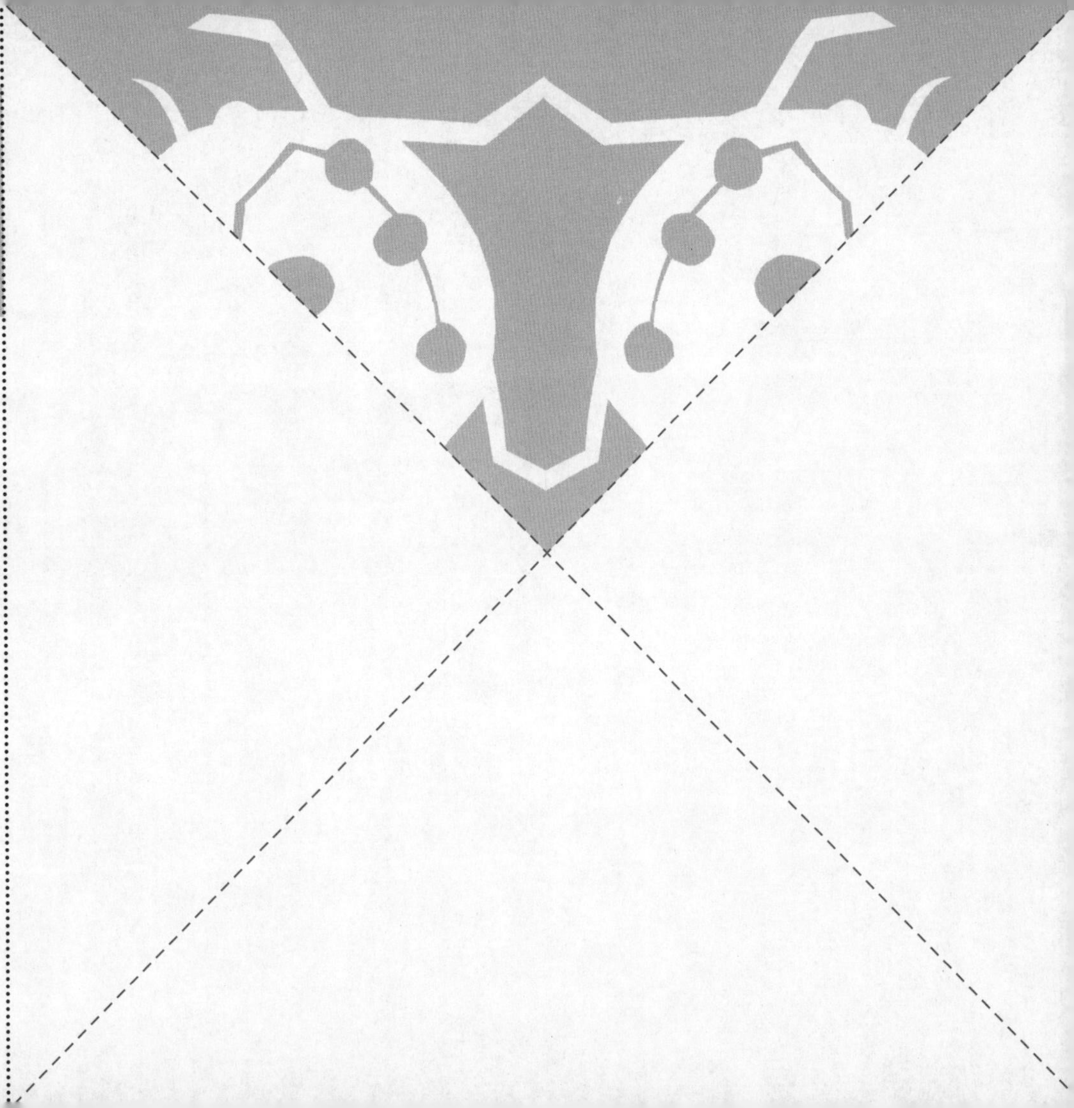

切り取り線

●作り方

ⓐ切り取り線（……………）で切り離します。

ⓑ折り線（－－－－－）で絵柄が一番上に来るように斜め4つ折りします。▶ **14ページ参照**

ⓒ紙を重ねたまま、グレーの部分を切り落とします。

ⓓ紙を開けば、できあがり！

……昆虫 3……

テントウムシ

斜め4つ折り

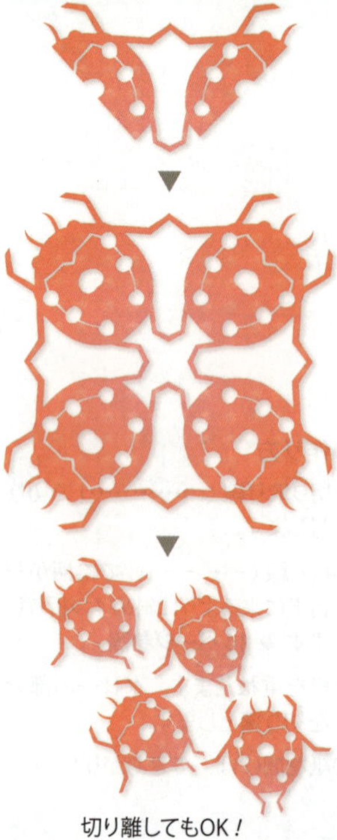

切り離してもOK！

····· 昆虫 4 ·····

蟻《あり》

斜め4つ折り

切り離してもOK！

切り取り線

……昆虫4……

蟻《あり》

斜め4つ折り

------- 隠しバサミ線 ▶12ページ参照

●作り方

ⓐ切り取り線（··············）で切り離します。

ⓑ折り線（－－－－－）で絵柄が一番上に来るように斜め4つ折りします。**▶ 14 ページ参照**

ⓒ紙を重ねたまま、グレーの部分を切り落とします。隠しバサミ線（**▶ 12 ページ参照**）をうまく使って切りましょう。

ⓓ紙を開けば、できあがり！

…… 昆虫5 ……

カブトムシ

6つ折り

------- 隠しバサミ線 ▶12ページ参照

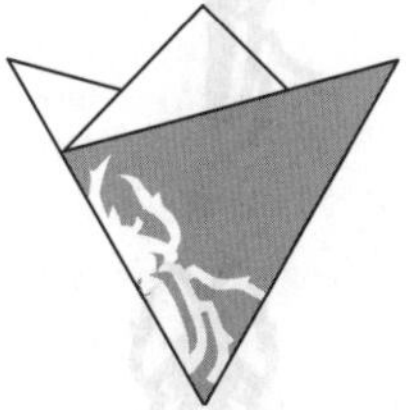

●作り方

ⓐ切り取り線（……………）で切り離します。

ⓑ折り線（------）で絵柄が一番上に来るように6つ折りします（①→②→③の順番で折ります）。▶15ページ参照

ⓒ紙を重ねたまま、グレーの部分を切り落とします。隠しバサミ線（▶12ページ参照）をうまく使って切りましょう。

ⓓ紙を開けば、できあがり！

……昆虫5……

カブトムシ

6つ折り

切り離してもOK！

…… 昆虫 6 ……

クワガタ

巻き4つ折り

切り離してもOK！

切り取り線

…… 昆虫 6 ……

クワガタ

巻き4つ折り

●作り方

ⓐ切り取り線（……………）で切り離します。

ⓑ折り線（－－－－－）で絵柄が一番上に来るように巻き4つ折りします（①→②の順番で折ります）。▶ **14 ページ参照**

ⓒ紙を重ねたまま、グレーの部分を切り落とします。

ⓓ紙を開けば、できあがり！

〈本書制作スタッフ〉

編集：伊藤 淳（アトリエ・ジャム）
制作：南 美樹（アトリエ・ジャム）
撮影：山本 高取（アトリエ・ジャム）
カバーデザイン：横山 あづさ
本文デザイン・DTP：アトリエ・ジャム（http://www.a-jam.com/）

大人の趣味講座

やさしいそのまま切り紙 ハサミだけで出来る花と風物編

2011年3月20日　初版印刷
2011年3月30日　初版発行

著　　者　小宮山逢邦
発 行 者　小野寺優
印刷・製本　大日本印刷株式会社

発 行 所　株式会社 河出書房新社
〒151-0051
東京都渋谷区千駄ヶ谷2-32-2
電話　03-3404-8611（編集）
　　　03-3404-1201（営業）
http://www.kawade.co.jp/

Printed in Japan
ISBN978-4-309-27243-6

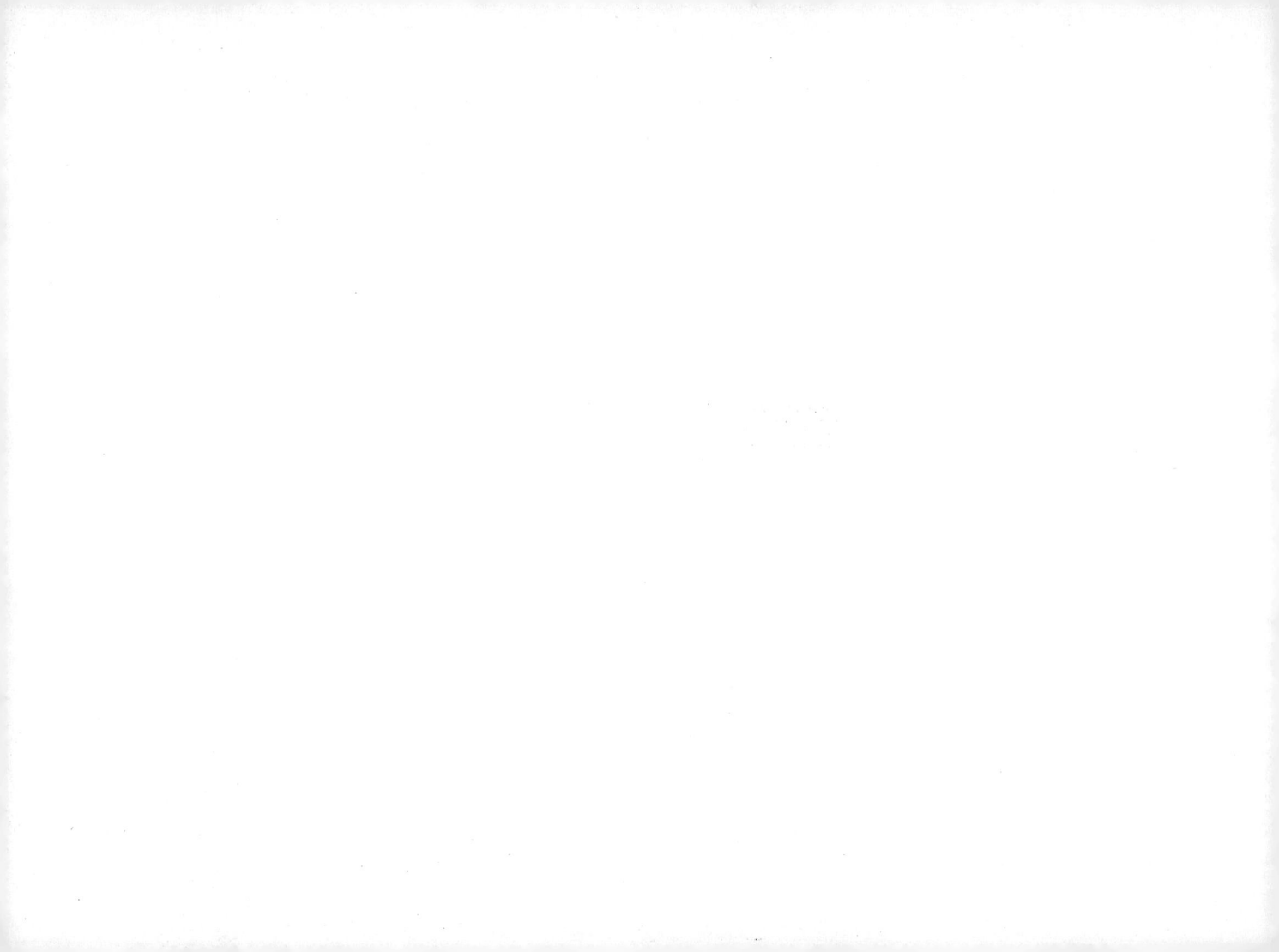